万物智联与万物安全丛书 — 重庆市出版专项资金资助

区块链

看得见的信任

叶春晓／著

重庆大学出版社

第一章

小荷才露尖尖角：比特币的坊间传闻

2008年注定是不平凡的一年。国内，年初的南方雪灾，5月的汶川大地震，让国人感受到悲伤和坚强；8月的北京奥运会，9月的中国人首次太空行走，让国人感到无比喜悦和自豪。国际，最让人记忆犹新的莫过于金融危机，据不完全统计，2008年美国倒闭了25家银行，随后的2009年，美国又倒闭了140家金融机构。倒闭、破产或被收购的著名金融机构包括雷曼兄弟公司、美林证券、华盛顿互惠银行、印地麦克银行等。另外，像花旗集团、美国国际集团这种著名的大金融机构也是靠美国联邦储备系统（美联储）"输血"才得以续命的。

2008年11月1日，互联网上出现了一篇论文《比特币：一种点对点的电子现金系统》（Bitcoin: A Peer-to-Peer Electronic Cash System），英文论文题目中出现了一个单词——Bitcoin，刚开始它并没有引起大家的注意，不少人认为这只不过是技术爱好者的一个疯狂的想法而已。但是接下来的几年里，这篇论文所描述的东西像海啸一样席卷了全球。有人持怀疑和观望态度，但支持者则认为这是一场技术革命，甚至将永久和深刻地改变整个社会。我们何其有幸才能够亲历这一过程，见证这一重大事件的发生和发展。

第一节＿＿＿＿＿＿＿＿＿＿比特币引发的勒索案

北京时间2017年5月12日晚上22点30分左右，英国至少16家医院的计算机系统突然被一种计算机病毒袭击，造成医院内部网络瘫痪，系统停止运行，计算机内所有文件均被加密并无法打开。如果你尝试打开文件，屏幕上会弹出一个窗口。

图1.1　比特币勒索病毒的中文弹窗界面

弹窗中文字的主要意思是：你的一些文件被加密了，如果你想打开这些文件，必须在三天内向我们支付一定的费用，三天后费用会翻倍。如果一星期未付款，你将永远打不开这些文件。

当你在弹窗界面找需要支付的费用额度和支付地址时，会看到这样一行文字："Send \$300 worth of bitcoin to this address"，下面还有一长串像密码一样的混杂着数字、大小写英文字母的字符串——告诉你需要将价值300美元的比特币汇到这个字符串指明的地址。显然这个字符串看上去更像是一个账号，但肯定不是瑞士银行的。

这就是名为"WannaCry"的比特币勒索病毒，它通过互联网肆虐全球。据央视新闻消息，截至2017年5月13日晚8点，我国共有39730家机构的计算机被感染上这种病毒，其中高校和医院成为重灾区。在几天时间内，该病毒在全世界共计感染了约20万台计算机，勒索了将近5万美元。类似的一幕发生在3年前，勒索软件CryptoLocker要求受害者支付2个比特币，或者300美元或欧元，并成功勒索了约2700万美元。

第二节 _____ 新康定之歌

"跑马溜溜的山上，一朵溜溜的云哟……"，这是《康定情歌》的歌词，歌里唱到的康定，位于青藏高原与成都平原西缘山地的过渡地带，在地理上属于横断山区。康定市现在是四川省甘孜藏族自治州首府，传统上是多民族聚居之地。受限于交通条件，这里经济相对落后，但也保存了世所罕见的美景，加上与汉族迥异的风俗习惯，这里吸引了众多的旅游者——自驾、徒步、骑行，成了资深旅游者必去的打卡地。

自古以来，这里的山区就回荡着各种声音：河水奔流的声音、鸟兽的叫声、教徒们的诵经声……后来修了川藏路，于是又多了伐木的声音、开矿的爆炸声、水轮机的轰鸣声，传统与现代似乎完美地汇聚在这片土地上。

最近几年来，这里又多了一种新的奇怪的声音，一种巨大的轰鸣声，到了晚上声音会更响。奇怪的声音是从河边蓝色屋顶的房子里传出来的，这些房子通常靠近水电站，修得都十分简陋，不注意就会认为它们是修水电站遗留下来的未来得及拆掉的建筑工人的活动板房。

推开房门，你会被眼前的景象震撼：一排排巨大的货架上堆放着成千上万台计算机，它们闪烁着令人眼花缭乱的绿色或蓝色的LED灯，混乱的线缆在计算机之间蜿蜒着，汇集到货架的上方。一捆捆电缆如同巨大的蟒蛇，让人觉得恐惧和不安。其实恐惧和不安更多的是来自计算机、墙上和地上多台巨大电风扇发出的声音，再加上一股股袭人的热浪，使人不由得想夺门而逃。门外是偏僻的河谷，除了几个电站的工作人员外通常人迹罕至，门内冷不防出现这么多的计算机设备，就仿佛是外星人基地，或者某个科学狂人正在这里研究什么黑科技。

图1.2　比特币"挖矿"机房

在偌大的房子里，你多半只会看到一个戴着眼镜的二十多岁的小伙子半躺在一张行军床上玩着手机，他是你在这几间房子中唯一能看到的人，他的身份是"矿工"。四川西部蕴含着丰富的矿产，煤、铁、岩盐、石膏，甚至还有黄金。但房子周围没有任何与传统采矿行业相关的挖掘机、推土机等设备，只有房子里那些计算机。

他真的是在挖矿吗？是的，他确实是在"挖矿"，但不是普通的挖矿，而是在网络中"挖矿"，挖出来的也不是实实在在的矿石，而是二进制符号——比特币。因为比特币隐藏在网络中，需要通过大量计算才能获得，如同在大地上通过大量的劳动来挖掘隐藏的矿产一样，所以就被形象地称为"挖矿"。"挖矿"的设备就是那些计算机，"挖矿"的场所也被形象地称为"矿场"。"矿场主"就是通过这些计算机不断地计算来获得比特币的。

一切看上去都轻松容易：不需要数量众多的矿工，也没有培训矿工的要求，那些计算机装上专用软件后就可以24小时持续工作；不需要运输矿石的卡车，也不需要修建运输矿石的道路，挖出的比特币瞬间就可以通过网络传到目的地；不需要破坏环境挖矿井，更没有矿井塌方的危险，只需要搭几间活动房，拉上电线和网线，再安排一两个人，最多再加上一条狗，就可以开张了。除了巨大的噪声外，在普通人眼里，这完全就是一个绿色、低碳、可持续发展的"好"项目。这种"矿场"一度在四川西部出现了很多，当时"矿圈"流传的一个说法是：全球70%的"挖矿"能力（算力）在中国，中国有70%的"挖矿"能力在四川。

仔细分析一下，"挖矿"项目的成本来自几个方面：购买计算机，配备网络、电力，雇用工作人员。"挖矿"的计算机又叫矿机，价格从早期的每台十几万元，降到后来的每台三四千元，但是一个"矿场"一般会有上万台，甚至十几万台，初期投入会很大。不过，这远远比不上电费的投入，一个拥有十万台矿机的"矿场"，一年的电费很容易就会超过3亿元，是"矿场"运行成本中最大的一块。此前，据称四川西部有6000多座运行的水电站，当地电网消化不了那么多的电，电要么被浪费掉，要么水电站就不能满负荷发电（有的电站每周只发两天的电）。这就可以解释为什么四川西部一度聚集了那么多的"矿场"：电价便宜，特别是在用电量小的晚上。于是，这变成了双赢：水电站可以满负荷发电，"矿场"可以消耗掉多余的电；水电站因为多卖电而增加了收入，"矿场"因为买到了更便宜的电而降低了运行成本。当时，各个"矿场"蜂拥而至，大量矿机云集于此。有媒体报道说，当时全球最大的比特币矿机生产商只在两个城市设立了维修中心，四川西部的康定就是其中一个。综上，除去各种费用——主要是电费，2017年时一个有四五千台矿机的"矿场"每天的收入在80万元左右。在"矿场主"听来，那些恼人的矿机噪声就如同《康定情歌》一般美妙动听。

不过，四川西部也有麻烦之处：春夏季节频繁的雨水使得发电量大大增加，而秋冬季节又因为时值枯水期而发电量严重不足，电费也成倍增加。此外，"矿场"还面临洪水的威胁，河水一旦泛滥，就很容易淹没靠近河边的"矿场"。这些不稳定因素使得很多"矿场"不得不转移到国内其他电费便宜又没有自然灾害的地方。内蒙古和新疆的一些地方，依靠火力发电能够提供便宜的电力，因此吸引了很多从四川西部迁移出去的"矿场"。比如，2017年在内蒙古的鄂尔多斯，比特大陆（Bitmain）公司拥有的"矿场"挖出的比特币占了全球比特币日产量的近二十分之一。有的"矿场"为了保障用电，还修建了风力发电场，使得用电成本大幅下降。

放眼世界，在比特币"挖矿"行业正处于热潮的2017年，相关从业者认为，全球前五家大型"矿场"分别是美国的GigaWatt矿场、冰岛的Genesis Mining矿场、我国的大连矿场、瑞典矿场和俄罗斯矿场。GigaWatt矿场成立得很早，曾可日赚十多万美元，成为行业中一颗炙手可热的新星，吸引了众多国际投资者。Genesis Mining矿场利用了冰岛寒冷的天气（有助于矿机散热）和低廉的电价，进而又推出了云上"挖矿"服务，普通用户可以通过租用云上矿机实现"挖矿"。大连矿场在高峰期时据称拥有整个比特币网络算力的3%，每月大概能挖到750多个比特币。瑞典矿场位于该国东部，优势主要是电价便宜，气候也不错，可降低对制冷的需求。俄罗斯矿场位于莫斯科附近，每月大概能挖到600多个比特币。

意大利的比萨是西方人喜爱的美食。2010年5月22日，美国佛罗里达州的程序员Laszlo Hanyecz大概是写程序太累，感觉饿了，于是突发奇想，在网上问网友："我有10000个比特币，谁想和我交换比萨优惠券？我要点个Papa John'S比萨外卖"。马上，网上就有人开始回应他了，有人用价值25美元的两张比萨优惠券和他交换了10000个比特币。Laszlo Hanyecz愉快地吃到了他喜欢的比萨，顺便又在网上发帖炫耀说"比特币有点用，可以换比萨吃"，但接下来的事情开始让他难以置信了。

图1.3 比特币发展史上著名的比萨

这是比特币发展史上的一件大事情。之前的比特币挖出来后大家觉得没什么用，也就没有价值，这次交换事件产生了比特币的第一个"汇率"：10000比特币换25美元，也就是说，一个比特币值0.0025美元。于是，5月22日就成了一个比特币节日——比特币比萨日（Bitcoin Pizza Day），这一天比特币爱好者们会聚在一起吃比萨，如同在3月14日的"π日"上数学爱好者们要吃各种派一样。

很快，仅仅换得两个比萨的10000个比特币的价格开始疯涨了：2010年11月涨到5000美元；2011年2月涨到10000美元，6月又涨到31万美元；2013年11月涨到700万美元，年底一度超过1000万美元；2014年到2016年，其价格在76万~764万美元。到了2017年，10000个比特币的价格又开始疯长：5月，2000万美元；6月，3000万美元；8月，5000万美元；10月，7500万美元；11月，1.2亿美元；12月，1.98亿美元——史上最贵的比萨饼诞生了！

可怜的Laszlo Hanyecz，估计他吃了人类有史以来最贵的一顿晚餐。好在他心态很好，2018年2月26日，他又出手了，用0.00649比特币买了两个比萨。这次，他和家人一起享用了比萨，还上传了和家人共享比萨的照片——他的两个孩子一个穿着"我爱比萨"的T恤，一个穿着"我爱比特币"的T恤。

另一个故事是关于英国人James Howells的，他是最早一批"矿工"中的一员，2009年就开始"挖矿"，几年下来积累了约7500个比特币。2013年夏天，他把坏掉的计算机拆了，顺手把硬盘扔在抽屉里，后来在一次大扫除时又把硬盘连同其他垃圾一起扔进了门口的垃圾桶。到了11月，随着比特币的疯长，他突然想起了那个被丢掉的硬盘——硬盘里可是有按当时价格计算市值400多万英镑的比特币啊！

小伙子坐不住了——不能再重蹈比萨饼的覆辙了，他想到了一个办法，挖垃圾填埋场找硬盘，这可是真正的"挖矿"！他很快筹集了700多万英镑，找了几个合伙人，向当地政府申请开挖垃圾场（一旦当地政府同意，他就将700多万英镑送给当地政府）。

没想到当地政府一口拒绝了他的请求，禁止他开挖垃圾场，说垃圾场每年要增加5万吨的垃圾，目前已积累了35万吨，如果开挖，会严重污染环境，同时还可能引爆垃圾腐烂所产生的易燃气体。政府官员安慰他说，也许那个硬盘早就被垃圾压坏了，挖出来洗干净了也没用。

Missing: hard drive containing Bitcoins worth £4m in Newport landfill site

A digital 'wallet' containing 7,500 Bitcoins that James Howells generated on his laptop is buried under four feet of rubbish

图 1.4　英国《卫报》2013 年 11 月报道中展示的埋藏比特币硬盘的垃圾场

小伙子对当地政府的官僚主义做法表示愤慨，他认为政府只需要点个头就可以进账700多万英镑，又不需要处理其他问题，居然不同意，实在不可理喻。他进一步表示，他根本不需要把垃圾场翻个底朝天，因为他可以推断出硬盘大致的位置，可以把污染和危险降到最低。

可惜当地政府一再拒绝他的"挖矿"请求。按2017年12月初比特币兑换价格计算，那片垃圾场里埋着大约1亿美元的财富，折合黄金大约2.5吨！这也在一定程度上反映了大多数人在信息时代对数字财产认识的不足，很多人对财产的认识还停留在实物上，如果真有2.5吨黄金埋在垃圾场，估计当地政府早就派人去挖了（要知道2017年我国国内黄金产量才426.14吨，这差不多是两天的产量了，况且还省掉了选矿、冶炼等环节）。可怜的小伙只能自我安慰说，"总有一天会挖出来的"，并开始憧憬挖出来后的生活：比特币脱手后，先买一套房子，再买一辆兰博基尼，好好享受人生，剩下的再投资其他数字货币。

　　隐藏在这些大喜大悲的故事背后的，是比特币价格的疯狂增长。从2009年1月（比特币正式诞生），到2018年12月，比特币从几乎不值一文发展到最高兑换价格近19000美元，比特币价格经历了大起大落，一些人一夜暴富，另一些人一夜破产。

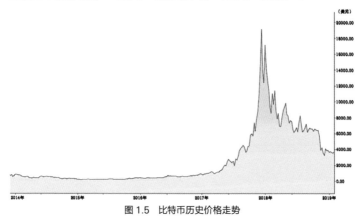

图1.5　比特币历史价格走势

　　我们简要梳理一下比特币价格变化的历史：

　　2009年10月5日，一位名叫New Liberty Standard的用户发布了第一个比特币非官方价格：1美元＝1309.03比特币，即1比特币大约为0.00076美元。这个价格是这样计算出来的：假设一台计算机满负荷运行一年所需要的平均电量为1331.5千瓦时，乘以上一年度美国居民平均电价0.1136美元，再除以12个月，再除以过去30天里获得的比特币数量，就是挖出一个比特币所需要的电费成本。

2010年5月22日，Laszlo Hanyecz"联合"Papa John'S比萨无意中确立了比特币的第一个市场汇率：1比特币=0.0025美元。这相比初始价格上涨了2倍多。2010年7月12—16日，单个比特币的价格从0.008美元上涨到0.08美元，5天上涨了9倍。2010年10月，比特币交易平台Mt.Gox上的市场汇率为：1比特币=0.5美元。

2011年2月9日，比特币首次与美元等价。这一年，因为比特币与英镑、巴西里尔等货币的兑换交易平台上线，引起世人的关注，比特币开启了第一轮疯涨，到6月8日，涨到1比特币31.9美元。但是好景不长，黑客攻击了Mt.Gox，大家对比特币的安全产生了怀疑，比特币的价格因此暴跌。

2012年2月，比特币价格跌至1比特币2美元，此时众多投资者开始入场抄底，比特币价格开始缓慢上涨。2012年下半年，几件大事推动了比特币价格的上涨：比特币基金会成立，欧洲召开了第一次比特币会议，法国成立了世界首家符合欧盟法律的比特币交易所。比特币价格在这些利好消息的刺激下不断走高，到年底涨到1比特币13.69美元。

2013年年初，在塞浦路斯债务危机中，该国民众被要求按照其在银行的存款额缴纳6.75%~9.9%不等的存款税，10万欧元以上的存款将被冻结以偿还国家债务，同时限制民众提款及非现金交易等，该国政府希望通过这些措施筹集58亿欧元，作为获得欧盟紧急援助的先决条件。这一危机使当地民众对传统银行业和政府的公信力产生了怀疑。该国民众普遍认为相对于把钱存放在不受自己控制的银行中，比特币至少还在自己的硬盘上，其可控性和安全性较传统货币好得多，于是更多民众开始投资比特币。2013年4月，比特币达到265美元的历史高点，按照兑换汇率，全球比特币价值超过10亿美元。2013年下半年，欧洲各国相继出台了比特币发行政策，比特币价格开始飞涨。12月，产生了人类货币历史上的标志性事件：1比特币=1147美元。这一价格超过了当时的国际黄金价格！

但是乐极生悲，2013年12月5日，中国人民银行等五部委联合印发了《关于防范比特币风险的通知》（银发〔2013〕289号）。受此影响，比特币价格在一天内从1200多美元腰斩到600美元左右，下跌50%，比特币的巨大风险可见一斑。从2014年年底到2016年年初，比特币基本上就在一路下跌中，为期400多天，从比黄金还贵跌到150美元左右。随后，受到比特币每次"挖矿"产量减半、英国脱欧、美国大选等一系列事件影响，投资者又开始关注比特币，于是其价格反弹并持续上涨，到2016年年底，又涨回到1000美元。

2017年，比特币开始了令人目瞪口呆的上涨，从最低点的789美元涨到最高的18674美元，全年上涨超过1700%！按最高价格算，15枚比特币完全可以在重庆市主城区买到一套三室两厅高层，甚至一套洋房！2018年，受上一年比特币涨幅过大的影响，比特币跌多涨少，但在10月开始的大跌之前，价格总体维持在6000美元以上的高位。

第五节 _____人在囧途

　　1999年，国内多家媒体联合举办了一次"互联网72小时生存测试"，参加测试者被要求在一个与外部隔绝的房间里待上72小时，其间，只能通过互联网购买生活所需用品。这个主意在当时看来是疯狂的，没人会相信只靠互联网就可以生存，事实上也有被试者在开始没多久就退出了，有被试者连续22小时都没有进食。显然，放到现在，没人愿意做这样的测试，发达的在线支付体系和外卖服务，72小时足以把组织者搞破产，搞不好被试者还能在网上买架飞机！

　　2018年，系列纪录片《21天数字生存挑战》记录了一个福建女孩在比特币时代尝试进行的一次只依靠比特币生存的实验，现实的残酷使得这次实验看上去更像是一次行为艺术。女主人公"何有病"，一个比特币爱好者，其真名不得而知，拿着一部存有0.21比特币（大约1300美元或者10000人民币）的手机，尝试着在北京只通过支付比特币生存21天。

　　有了19年前的互联网生存测试的经历，社会对使用虚拟货币或者数字货币有了很高的接受程度，如今我们凭着一部手机，通过线上支付，几乎可以走遍全中国。带着无比的自信，"何有病"信心满满地来到北京，开始了她的挑战。

没想到她在第一天就遇到了麻烦。"何有病"想去一个公园，她要给在公园里锻炼的大爷大妈们宣传区块链。结果她被告知必须买票入园，票价2元且不收比特币。她费尽口舌但还是不得而入。她只好骑着自己找到的一辆没上锁的共享单车，在北京的小巷里转悠，想找到能收比特币的地方。

她去了一家超市，超市仍然不接受比特币，但她成功地拿到了一些免费的番茄酱，并吃了一些超市的试吃食品，总算填了点肚子。因为依然没有找到接受比特币的旅馆，她晚上只好在一家24小时营业的金拱门店里的长凳上睡觉。

第二天依旧艰难。她摘了野生水果吃，然后又在金拱门里晃悠，找些别人吃剩的食品果腹，结果腹痛呕吐，但她仍然坚持在另一家金拱门的长凳上过夜。

第三天，"何有病"没法支撑了，被送进了医院。医院当然不收比特币，于是她只好将比特币支付给赶来的支持者，由支持者支付医疗费用和食品费用。于是，支持者成了"何有病"与世界的支付中介，挑战得以继续，但直接接受比特币的场所还是没有找到。

第六天，她转战深圳，终于找到一家可以接受比特币的餐厅，甚至还通过支持者购买了衣服并订了一家酒店。相对于北京，日子要稍微好过些。

与"何有病"的经历相反，卢森堡程序员Felix Weis的经历就要愉快多了。2015年11月，Felix Weis开始了他的比特币环球之旅。整个旅行过程中，他必须尽可能地用比特币支付一切费用，绝不能使用银行卡，但可以通过比特币网站兑换一些本地货币。出发的时候，他在手机上安装了比特币钱包应用程序，从而可以在线支付比特币。此外，他还可以在一些地方使用比特币ATM机取款。

Felix Weis游历了匈牙利、保加利亚、土耳其、以色列等国家，也去了中国香港、美国纽约等大城市。在旅行中，他通过CheapAir网站用比特币预订机票，通过Expedia网站预订酒店，一切都很便利。当然，也有不接受比特币的，但他通过比特币ATM机取现就可以支付相关费用。通过只使用比特币，他在18个月内游历了27个国家、50个城市，似乎并没感到有多大的不便。

2018年，Coinmap网站（基于网络的比特币热度图平台）曾评选出全球十大比特币友好城市（在这些城市里，比特币的普及和接受程度较高），这些城市包括布拉格、布宜诺斯艾利斯、旧金山、马德里、纽约、阿姆斯特丹、波哥大、温哥华、伦敦和巴黎。在这些城市里，人们可以通过比特币在线购买商品，也可以支付酒店房费、出租车车费、房租、水电费等，还可以通过比特币ATM机取现，在很大程度上实现了依靠比特币生活。

第二章

谁家有女初长成：比特币的豆蔻年华

有一次，我参观完特拉维夫后，在坐车去机场的路上，从特拉维夫白城穿过，我看着车外新旧不一的包豪斯建筑，正感叹这么多建筑居然保留了下来时，一栋黄色小楼突然闯进视野。我心想，在一片白色的包豪斯建筑中夹杂着这栋黄色建筑也太"鸡立鹤群"了。不过，门上硕大的标志让我突然想起了什么，于是赶紧请司机停车，让他等我一下，我要走回去看个究竟。

图 2.1　特拉维夫街头的比特币交易所

这是一个比特币交易所。据说在特拉维夫有两个，居然让我在不经意间撞到一个！可惜当时时间还早，交易所没有开门，但我至少看到了真正的比特币交易所！

有了比特币交易所，那里面交易的比特币是从哪里来的呢？本章就将解开这个谜团。

第一节 ————————————————————— 比特币为何物

　　什么是比特币？咬文嚼字式的说法是，"一种点对点传输
（peer-to-peer，P2P）的数字加密货币"。也就是说，它是一种货
币，但这种货币数字化了，又被加密了，通过点对点的方式进行传
递交换。在弄清楚加密和点对点技术之前，我们先将一捋容易混
淆的几个概念：实物货币、电子货币、代币、虚拟货币、数字货币、
加密数字货币。

　　实物货币是人们在日常生活中接触得最多的一种货币，我们
通常称之为"钱"。不管是人民币、美元，还是欧元、日元；形式上
有纸币，也有硬币，从历史上看，还有贝壳、宝石、铜、银、金等多
种形式。对我们来说，拿在手里的实物货币能产生很大的满足感
和安全感。但在生活中，我们一般不会怀揣几万块钱满大街跑，买
房子的时候很难提着一口袋纸币去售房部，菜市场小贩在收到大
额纸币时都会看看是否有水印……从使用者的角度来看，实物货
币的主要缺点就是不安全、可伪造、不便携带。纵然如此，世界各
国谁也没有完全废止实物货币，毕竟大家都已经习惯了。

　　近年来，每到节假日，尤其是春节，很多人都随时在关注手中
的手机，只要听到手机发出一个声音，就马上精神抖擞，开始用手
指在手机屏幕上快速点击，随即要么欢呼雀跃，要么捶胸顿足——

他们是在抢红包，一个最近几年随着智能手机的普及而形成的"新民俗"。抢红包得到的钱可以存入电子钱包，然后通过扫描付款二维码、转账、发红包等方式用出去。这就是电子货币的一种形式，其他形式还包括借记卡、信用卡、电子支票等。事实上，自从工资通过银行卡发放后，货币对很多人而言就是账户上的一个数字而已。电子货币可以很方便地通过网络实现支付、转账、储蓄等，因此现在大家可以不用带钱包，只用带一部手机就可以应付日常生活的大部分事情。相对实物货币来说，电子货币更方便、安全，而且成本更低。传统意义上的电子货币从本质上来讲是实物货币的数字化表现形式，是和实物货币——对应的，也就是说，你往银行账户上存入多少钱，账户余额才会有多少钱，是不会凭空增加的。

图2.2　信用卡和微信红包

代币是小范围流通的有一定支付功能的凭证，其形式多样，最常见的就是以前在校园或单位食堂使用的饭菜票。理论上，饭菜票只能购买饭菜使用，但实际上在校园或单位里的小超市、书店等也能使用，甚至校园周边的店铺也能使用。因此，当年我们读大学时都会和女同学搞好关系，因为她们用不完的饭票可以送给男生，男生可以拿饭票去校园旁边的游戏室换币打游戏。这里的游戏币显然也是代币的一种。代币也可以电子形式存在，比如我们给公交IC卡充值以便刷卡乘车。

虚拟货币，按照2012年欧洲中央银行（ECB）的定义，被认为是"一种无法律约束，由开发者自行发行和管理，在特定虚拟社群内使用的数字货币"。国内通常认为它是在网络中特定社区内流转的数字化凭证，比较常见的是用于购买腾讯公司所有业务及游戏道具的Q币，用户可以通过法定货币进行购买，但购买后只能在腾讯公司旗下的服务网络中使用。另一类比较常见的虚拟货币为积分，如各种商场购物积分、航空公司里程积分、信用卡消费积分等，这些积分规则由发行方自定，积分只能在发行方指定的范围内使用，通常可换购商品或服务。

　　数字货币的概念比较宽泛，目前尚不统一。广义地讲，只要是数字化表示的货币都可以看作数字货币，国际货币基金组织（IMF）称之为"价值的数字表达"，比如电子货币、虚拟货币、法定数字货币等。狭义地讲，数字货币更倾向于指利用密码技术产生的加密数字货币。理论上，加密数字货币是指由任何人利用计算机程序，按照某种货币生成算法和加密算法产生的一串二进制数字，其权威性为所有接受加密数字货币的人所认可，大家共同为其信用背书。加密数字货币的主要特点包括非中心化、加密、匿名、透明、防篡改等。

　　这样讲就比较清楚了，比特币就是一种通过计算机程序产生的、经过加密的、通过网络流通的、非官方发行的数字货币。如同实物货币有人民币，还有美元、英镑一样，比特币并不寂寞，也有它的朋友们：莱特币、点点币、以太币、瑞波币等，其性质和原理与比特币类似，本书只详细介绍比特币。

图 2.3　比特币、莱特币、点点币、以太币和瑞波币

比特币不是凭空产生的，它是"奖品"，或者说是对你做过的工作的承认与补偿。如果用一句话来说明比特币的产生过程，那就是：在比特币网络里，有很多计算机一直忙着"挖矿"，一旦某台计算机"挖矿"成功，它就有权对过去一段时间内比特币网络中的交易进行记账，记账成功后便获得比特币奖励。

这句话并没有完全解释清楚比特币是怎么来的，反而带来了更多的疑问：什么是比特币网络？"挖矿"到底是怎么回事？什么是交易记账？为什么要通过"挖矿"的方式竞争交易记账权？比特币奖励怎么来的？谁给的奖励？……接下来，我们将逐步解答以上这些疑问。

比特币是存在于比特币网络中的，比特币网络是一种P2P的网络，这种网络与传统的互联网稍有不同：传统的互联网可以看作一个中心化的网络，P2P网络是非中心化的。P2P网络的一些优点是传统互联网所不具备的，比如，信息的传输速度和效率更高、网络节点加入和退出方便等。日常生活中，我们用到的下载工具（如迅雷下载器、电驴软件）、视频播放软件（如爱奇艺视频播放器、优酷视频播放器）等都采用了P2P架构。

比特币网络就利用了P2P网络架构，在这个网络中，没有明显的主节点和从节点之分，各个节点可以自由地加入或退出网络。虽然节点没有主从之分，但是有功能之分。比特币网络节点的功能有四种：完整区块链、钱包、挖矿和路由。每个节点可以包含所

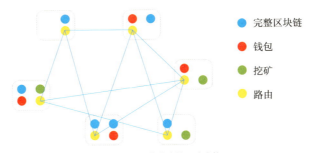

● 完整区块链
● 钱包
● 挖矿
● 路由

图 2.4　比特币网络节点的四种功能

有四种功能，也可以只包含其中几种，但都必须包含路由功能。

　　路由功能是必需的，因为要通过该功能实现与其他节点的通信、发现新的节点和将路过本节点的其他节点之间的通信数据转发出去。比特币网络中交易数据（即比特币账本）必须要有地方来存放，因此某些具有完整区块链功能的节点就承担了保存完整账本信息的职责，保证所有交易都是有据可查的——这样的节点数量不会太多。具有"挖矿"功能的节点，其工作就是通过"挖矿"的方式获得对交易的记账权，记完账后获得比特币奖励。节点的钱包功能是用来保存自己拥有的比特币的。

第三节 ——————————————————吹尽狂沙始到金

　　在第一章里我们提过，比特币是通过"挖矿"产生的，这是一种简单形象的说法。这一章里我们会说"挖矿"实际上并没有直接挖出比特币，"挖矿"的目的是竞争比特币交易的记账权，而比特币是对"挖矿"者完成交易记账后的奖励。

　　如果一个任务需要付出一定精力或代价去完成的话，那么要想让这个任务被很好地完成，有以下三种可能的方式：①依靠某位有奉献精神的人主动去完成；②采取措施强迫某个人去完成；③采取一定的激励机制，鼓励大家去完成。第一种方式在很多情况下比较奏效，但依赖于志愿者的素质和奉献意识，比如志愿者到敬老院为老人服务。第二种方式需要制度的保证，要有监督和惩罚措施，否则被强迫者在不情愿的情况下不能保证完成的质量。第三种方式往往包含一个竞争过程，会筛选出最有能力的人来完成这项任务，即所谓的"重赏之下，必有勇夫"。

　　多年前的一个暑假，有两个小朋友到我家来玩，为了培养她们做家务的意识，我便要求她们每次吃完饭要洗碗。最初，我采用第一种方式，问"有没有人主动洗碗？"刚开始两个小朋友很踊跃，争先恐后地去洗碗。可是多洗几次后，洗得多的小朋友心理就不平衡了：为什么总是我在洗碗，而她却可以看动画片？于是逐渐没人洗了。我赶紧换第二种方式：两人轮流洗。但每次都要调解两个小朋友之间关于洗碗是否公平的矛盾，并且大人必须在旁边监督着，否则碗会洗得不干净。最后，我换成第三种方式，根据工作量的大小，每次洗碗的小朋友会得到一定的积分，积分可以换炸鸡、薯片或其他零食。这下两个小朋友积极性高涨，早早地就守在水槽旁抢着洗碗。于是我就可以在饭后悠闲地陪着另一个"没抢着"的小朋友看动画片。

比特币系统就采用了第三种方式来激励大家"挖矿"，以保证有人参与并能够及时地记录比特币交易信息。那么比特币系统到底是怎么"挖矿"的？简而言之，第一章提到的那些"矿机"是通过计算来"挖矿"的。做的是什么计算呢？是一种叫作哈希的计算。

讲哈希计算前，我们先了解一下什么是哈希。哈希（Hash），一般也翻译成"散列"，是指将任意长度的输入信息经过一定的算法计算后，变成固定长度的输出信息。哈希计算有很多特性，其中之一便是即使你知道哈希计算的结果，也没法通过分析结果反推出它的输入数据，唯一可行的办法是不断地对不同的数据进行哈希计算，看其计算结果是不是与已知结果相同，从而确定输入数据，这一过程非常耗时。

比特币"矿机"在"挖矿"时，需要不断地进行哈希计算，直到计算的结果小于某个给定的值，即"挖矿"成功（当然，实际上是否真正成功还需要确认）。比如，告诉你一个目标值是345，也知道输入的数据可以在1到10亿中选择，你唯一能做的就是先计算1，看其哈希计算结果是不是小于345，如果不是，再计算2，……以此类推，最后可能是512340034这个数的哈希计算结果正好小于345，但你已经计算5亿多次了。

你可能会对哈希计算的难度嗤之以鼻：这都啥年代了，计算机运算速度这么快，5亿次计算不算什么啊，现在的手机CPU运算速度很容易就到十亿次每秒啊！

是的，但这只是个例子。在真正的比特币"挖矿"计算中，目标值有256位数，每一位可能是26个大写英文字母、26个小写英文字母和0到9这10个数字中的任意一个，有62种可能，256位就有62^{256}种可能。目前"挖矿"时的哈希计算结果目标值的前18位都为0，至少需要经过62^{18}次计算，大约1.83×10^{32}次计算。由于哈希计算的特性，"挖矿"没有捷径可走，只能采用不断尝试新数据进行计算这种很笨、很暴力的穷举方式。这也是"挖矿"很困难的原因。

比特币"矿机"在"挖矿"时其区块上有三个很重要的数值：nonce、bits和difficulty，我们可以将它们分别称为随机数、目标值和难度值。其中，难度值用来决定下次"挖矿"的难易程度，可以调整。目标值存放的是难度值和实际目标值经过一定运算后的近似值。随机数是本次"挖矿"计算中经过不断尝试并最终找到的、其哈希计算结果小于难度值的一个值。

也就是说，目标值给出了本次哈希计算结果需要小于的值，哈希计算用到的算法类型也是固定的（比特币系统采用的是一种叫SHA-256的哈希算法），但随机数是未知的。"挖矿"的过程就是不断地去试不同的随机数，把这个随机数和其他几个参数一起经过哈希计算后，确认其结果满足小于目标值的要求。

一旦某台计算机找到这样一个随机数，就可以宣布"挖矿"成功，"挖矿"计算机就把这个消息在比特币网络中广播给其他节点，以宣布自己在"挖矿"竞争中胜出。其他节点在接到这个成功消息后，只能停止"挖矿"，转而去验证这个消息的正确性，即失败者根据胜利者提供的随机值，在自己的计算机上运算一次以确定结果符合要求。

很显然，要想抢先"挖矿"成功，"挖矿"用的计算机运算速度就要非常快。早期"挖矿"用台式机就可以了，但随着"挖矿"的人越来越多，大家要比拼计算速度，台式机CPU（Central Processing Unit，中央处理器）的性能就不够用了，于是人们转而用GPU（Graphics Processing Unit，图形处理器）"挖矿"。GPU是一种专门用于计算的芯片，通常用来完成图形图像显示所需要的计算，所以计算机的显卡里就有GPU，你要玩大型游戏的话，就需要性能高的GPU。由于GPU只做专门计算，不像CPU那样还需要执行其他操作，所以其运算速度远超CPU。

GPU"挖矿"很快为"矿工"们带来了丰厚的收益，但技术进步没有停止，很快FPGA"挖矿"出现了。一台计算机只能带少量的GPU进行"挖矿"，却可以带大量的FPGA（Field-Programmable Gate Array，现场可编程门阵列）进行"挖矿"，所以"挖矿"效率大幅提升。很快，大家都转向FPGA"挖矿"，但新的矿机——ASIC（Application Specific Integrated Circuit，专用集成电路）矿机又出现了，这种新设备简化了其他所有功能，只用于"挖矿"。目前，矿机的进化还在持续中。

不过，单独一台"挖矿"设备已经不能满足"挖矿"需求了，很自然地，"矿工"们想到了用多台设备"挖矿"，这就产生了"矿场"。还记得第一章里提到的四川西部那些"矿场"吗？每个"矿场"都有成千上万的"矿机"在不断地"挖矿"，电力消耗费用大约会占到总费用的60%，所以"矿场"必须建在电力便宜的地方。另一种做法就是所谓的"矿池挖矿"，这有点类似于众筹或者股份制"挖矿"，即进入"矿池"的各参与方贡献自己的计算能力以形成巨大的运算能力，然后按照一定的规则分配挖到的比特币！更进一步的，现在又推出了"云挖矿"，你可以租用云服务平台的计算能力，不用投入任何硬件资源就有人帮你"挖矿"，进一步降低了"挖矿"的门槛。

可是，比特币的总数是有限的，为2100万个，因此能挖出来的比特币会越来越少，比特币的价格理论上应该越来越高。2009年，比特币刚推出的时候，几乎每10分钟就可以挖出50个比特币，如果你醒悟得早的话，开着"挖矿"软件睡上一觉，醒来后就会发现有几千个比特币！当"挖矿"的人越来越多后，每次能够挖出的比特币就开始少了，大约每经过4年每次能挖出的比特币数量就会减半一次。比如，2009年时每次可以挖出50个比特币，2012年底后就只有25个，2016年7月之后就只有12.5个（由于是数字货币，比特币计数时可以有小数点后面多位，最小可以到0.00000001比特币，即一"聪"）。

当人们挖出的比特币总数达到一定数量后，比特币网络会调整难度值，影响目标值，使哈希计算的难度增加，从而延缓比特币的产生速度。难度值的调整实际上与比特币网络中的计算能力有关。"挖矿"难度增加后，由于"矿机"计算能力也提高了，所以比特币产出的速度没有太大变化，基本上还是每10分钟"挖矿"成功。

我们来看看掷骰子：假设我们规定每次要掷两颗骰子，根据骰子上的点数之和是否小于某个数字来定输赢。你马上就会想到，能够百分之百赢的就是规定这个数字为13，因为两颗骰子无论怎么掷，结果肯定小于等于12，但这样游戏就太简单了。于是我们修改规则，改为点数之和小于10，这样稍微有点难度，因为当出现（5，5）、（5，6）、（6，5）和（6，6）这四种情况时就输了。如果改成更小的数呢，比如小于3？那只有（1，1）这种情况才能赢了，你会觉得这也太难了。

为什么要采用这种又费马达又费电的"挖矿"方式呢？要知道，"挖矿"的难度增加后，大部分的计算都是无用的，在很多人看来，这浪费了能源。当然，是不是真的浪费，各方还各执一词。这有点像家长送小孩去学网球，小孩未来可能会获得"四大满贯"冠军，家长和孩子的投入得到巨大的回报，但这种概率极小。绝大多数情况下，小孩只是比常人更会打网球而已，家长在其身上的长期投入没得到所期望的回报。

这种"挖矿"方式被称为"工作量证明"（Proof-of-Work，PoW），即通过你所做的工作的多少来决定你能获得的权益。"挖矿"就是比拼相同时间内谁做的运算量多，谁就能"挖矿"成功（当然也有运气问题，可能有的"矿工"没计算几次就碰巧找到了）。这种简单粗暴的方式看上去非常合理，现实生活中我们广泛采用了工作量证明方式来实现利益分配。在大家上高中的时候，你比别人花费更多的时间学习，于是你就有更大概率可以考上重点大学。据说美国前游泳世界冠军"飞鱼"菲尔普斯一天要游11~15千米！中国游泳名将孙杨也说他每天要游15~20千米。当你比别人做了更多的工作时，通常你就能获得更大的成功，PoW就包含了这一朴素的原则。"更高、更快、更强"，奥林匹克精神就是典型的PoW。

　　"挖矿"成功后，比特币网络中的其他节点会验证是否真正成功，一旦验证通过后，成功节点就获得了比特币交易的记账权。记什么？记上一次记账后到这一次记账时比特币网络中发生的所有比特币交易。每次记账完成后，记账者会获得比特币奖励，比特币就是这么来的。所以，"挖矿"竞争的是记账的权力，比特币只是对竞争胜利者的奖励。

　　搞清楚了比特币怎么来的，那么比特币到底长什么样子呢？前面说过它不是纸币和硬币，只是存在于计算机和网络中的一串符号。那么，它就像银行账户里的那些数字吗？那些数字同样也代表你拥有的财产——我们当然希望那些数字越大越好。

　　比特币被挖出来后，可以存放在比特币钱包里。什么是比特币钱包？想想现实生活中我们的钱包用来装什么：现金、银行卡、钥匙、照片、公交卡……比特币钱包当然装不了那么多，它主要装比特币地址、私钥、比特币交易记录。比特币钱包是一种计算机程序，用来保存和管理上面提到的比特币地址、私钥和比特币交易记录。

　　比特币钱包里的比特币地址是什么？人民币上面可没有印钞厂的地址，也没有中国人民银行的地址。银行卡上面也没有地址，只有网址和400开头的电话。比特币地址就可以被理解为存放比特币的账户号，就像钱包里的银行卡号一样，这个号码代表你在某个银行的账户，如果其他人需要向你转账，他需要你提供银行卡号。同样的，比特币交易时的比特币地址就是你接收和转出比特币的账户号，它不是完全由数字构成的，通常还夹杂着大小写英文符号，比如1CkrtudPutvD3LrstXoqQ42tT6AKRw0YB6，这显然比银行卡号难记多了。就像一个钱包里有多张银行卡一样，比特币钱包里也可以有多个比特币地址，即多个比特币账户，这样你可以把不同用途的比特币分开：家用、老婆给的零花钱、私房钱……

银行卡号是开卡时银行给的，车牌号和手机号倒是可以自己选吉祥号，那比特币地址怎么产生的？可以自选吗？（这里会涉及私钥和公钥两个概念，后面章节有详细说明。）在比特币系统中，私钥与比特币地址密切相关，它是利用随机数生成器产生的，虽然是你要求生成的，但基本上没法选吉祥数。私钥非常重要，不能告诉别人，因为你的身份、比特币交易等都会用到它。这有点类似于银行卡的密码，你从卡上取钱需要输入密码来验证你的身份，表明这个账户确实是你的。私钥产生后，经过运算转换成公钥，然后再经过一系列复杂的操作，变成你用来存放和交易比特币的比特币地址，就像你的银行账号一样（当然，银行账号和密码之间通常没有任何关系）。设计出这么复杂的操作就是为了不让黑客通过比特币地址倒推出你的私钥。

有了比特币地址后，就相当于有了接收比特币的账户，这个账户可以存放比特币。于是，有人就会在网上公布自己的比特币地址，用来进行比特币交易。你马上就会想到安全问题：既然我的比特币地址都是公开的，那里面的比特币会不会被别人盗取呢？毕竟目前比特币这么值钱。但是，你会担心你银行卡中的钱被人盗取吗？不会，因为有密码的保护。同样的道理，比特币钱包里有你的私钥，并且一个比特币地址实际上是与一个私钥对应的（上面讲过，私钥经过一连串令人眼花缭乱的变化转换为比特币地址）。只要你的私钥足够安全，你的比特币也是安全的（实际上，量子计算机出现后，传统私钥很快也不安全了）。

而比特币交易与常见的交易类似，无非就是你给我多少比特币，我给其他人多少比特币。交易过程中不会增加或减少比特币的数量，总数保持不变，变的只是比特币在不同用户之间的分布。传统的交易一般采用"账户/余额"模式，银行账户、股票账户等都是如此。这种模式中，A和B之间的交易过程可以看作是在A的账户中减掉交易数额，然后在B的账户中加上交易数额的过程，交易完成后A和B的账户余额都会发生改变。

比特币交易则采用了另外一种模式——UTXO（Unspent Transaction Output，未消费交易输出）。下图给出了一个例子，在这个例子中，Alice需要给Bob转账10个比特币。因为Alice正好有10个比特币，所以转账完成。于是我们可以看到交易记录的"输出"中有了一条记录记录了Bob的比特币地址和转账数额10。然后Bob给Carol转账了8个比特币，你会发现在交易记录的"输出"部分有两条记录：一条是转账8个比特币给Carol，另一条是转账2个比特币给Bob。等等！什么叫"转账2个比特币给Bob"？Bob不是向Carol转账吗？

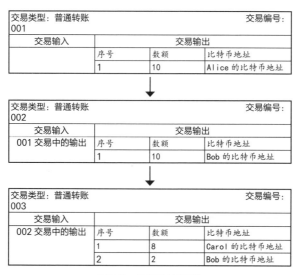

图2.5　比特币交易示例

　　是的，Bob向Carol转账了8个比特币，他又收到自己给自己
转账的2个比特币。这是什么意思呢？举个日常生活中的例子，有
次在医院的时候，护士要求我必须用现金支付1元钱。可是当时
我只有一张100元的纸币，护士说没有零钱找补，坚持要求我付1
元。于是我只好去小卖部用100元的纸币买了瓶水，小卖部找补
了98元零钱。我终于可以按护士的要求支付现金了。比特币交易
与之类似，你只能每次都把拥有的没有消费的某一笔比特币全部
先转账出去，然后再把多余的部分转回来。这个过程中，没有消费
的那笔比特币就像纸币一样，你没法将纸币撕开只付给对方一部
分，只能先全部给对方，然后对方再找补给你。这和"账户/余额"
模式不同，后者实际上是可以按照转账数额随意分小的（当然有
最小单位，比如到一分钱）。看上去比特币交易更类似于日常生活
中使用货币的方式，此处不讨论UTXO模式和传统"账户/余额"

模式的优缺点。

在比特币网络中，随时都有可能进行这种一个比特币地址到另一个比特币地址的转账交易，这些交易均需记录在案，最终形成比特币账本，即整个比特币网络中每一笔交易的明细。

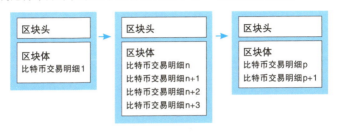

图 2.6　比特币账本示例

一个比特币网络的账本由一个个区块构成，每个区块中保存了若干交易记录。区块间通过一种机制串联成一条链，称为"区块链"，实际上整个链就构成了有时间先后顺序的交易记录流水。这种结构有点像本流水账，如果我们以"天"为单位来组织流水的话，每天的流水明细就构成了一个区块，每天的流水明细按"天"记录在账本上就构成了整个流水账。显然，每天的流水明细可能多也可能少，区块也一样，可能这个区块交易多点，另一个区块交易少点，因此大小不会完全相同。

那么，区块是怎么产生的呢？比特币网络的区块大约是每十分钟产生一个，区块中就记录这十分钟内的所有交易。为什么是十分钟？让我们回忆一下"挖矿"的过程，"挖矿"实际上是进行哈希计算，比特币系统在设计的时候就估算了当时网络中所有的计算能力，将哈希计算的难度值设定为大约每十分钟能够完成计算，也就是大约十分钟产生一个区块。随着"矿机"计算能力的不断提高，如果难度值不改变的话，完成哈希计算的时间会小于十分钟，这个时候就需要调整难度值，使哈希计算的速度基本上保持在约十分钟能够完成。

比特币"矿机"拼命地计算，大约每十分钟就会有某台"矿机"比其他的先计算出来，成为优胜者。优胜者需要做的工作就是将这十分钟内的所有比特币交易全部打包记录在一个区块中，然后把这个区块链接到区块链上，经其他"矿机"验证无误后，再获得系统给予的比特币奖励。然后，下一轮十分钟的计算竞赛又开始了，全世界的"矿机"又拼命计算以获得这一轮的记账权，从而获得记账奖励的比特币。完整的比特币交易及获取过程如下：

①Alice发起转账10个比特币给Bob，同时会向比特币网络中的所有用户（如Carol、Dave和Eve）发送本条转账信息；

②Carol、Dave和Eve接收到此信息后，会确认Alice是否有10个比特币可以转账；

③大家确认Alice可以完成转账后，会把转账信息暂时先保存在各自的计算机上；

④Carol、Dave和Eve开始疯狂地"挖矿"；

⑤Eve获得胜利；

⑥Eve把这段时间内的所有交易记录（包括Alice转给Bob的）打包放到一个区块里并链接到区块链上，同时通知Carol和Dave确认他做的工作的有效性；

⑦Carol和Dave默默地确认了Eve工作的有效性，本轮"挖矿"比赛结束；

⑧Eve获得了比特币奖励。Alice、Bob、Carol、Dave和Eve转入下一轮"挖矿"比赛。

第三章

犹抱琵琶半遮面：被抢风头的区块链

多年前，我在伦敦大学皇家霍洛威学院（Royal Holloway，University of London）访问的时候，一位胖胖的系统管理员很热心地给我搬来计算机和打印机。一来二往熟了后，他说他买了副麻将，问我能不能教他打。这是我第一次遇到活生生的老外要打麻将，惊讶之余，我很抱歉地告诉他我并不长于此道，然后推荐了一位中国留学生教他。这么多年过去了，不知道他牌技如何了，有没有参加欧洲麻将锦标赛。

关于麻将的段子很多，比如这个：

孩子写日记道："夜深了，爸爸还在打麻将。"爸爸很不满意地说："日记应该源于生活而高于生活！"孩子就修改为："夜深了，爸爸还在研究传统民俗。"爸爸说这还差不多，但深度不够，有待提高！以后你成了硕士，就应该这么写："夜深了，爸爸还在研究信息不对称状态下的动态博弈。"要是你成了博士，得这样写："夜深了，爸爸还在研究复杂群体中多因素干扰及信息不对称状态下的新型'囚徒困境'博弈。"

但下面这个更有趣：

麻将，是世界上最早的区块链应用项目。四个"矿工"一组，各自独立"挖矿"，"挖矿"过程采用了"工作量证明"共识机制。先找到13个正确数字的"矿工"宣布自己"挖矿"成功，并将数字展示给其他三家看，其他三家验证数字无误后，确认该"矿工"可以获得本轮交易记账权并得到奖励。麻将是开放的，任何人都可以自由地加入。麻将是透明的，"矿工"之间的交易过程都是可查且无法篡改的。麻将也是非中心化的，大家轮流坐庄。因为交易过程中存在一个"矿工"给另一个"矿工"大面额钱币而对方需要找补的情况，所以麻将支持UTXO——未消费交易支（输）出。此外，麻将是一个典型的点对点的价值"互联网"，实现了四个"矿工"间的价值流转和交换。

一、区块链的结构

区块链，从名称上看，可以分解为"区块"和"链"两部分，我们可以将其理解为由区块构成的一条链。下面我们就分别从"区块"和"链"两个方面来说说区块链的结构。

先说区块，区块是构成区块链的基本结构。不同的区块链平台和应用，如以太坊、超级账本、比特币有着基本相同的区块结构，仅在细节上有些许差别。区块可分为区块头和区块体，其结构如图3.1所示。

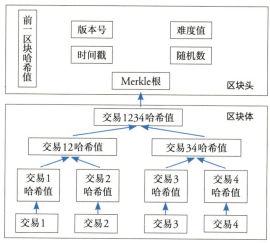

图 3.1　区块链区块结构

区块头包括的数据及其含义如表3.1所示。

表3.1　区块头中的数据及其含义

数　据	含　义
版本号	本区块的版本
前向哈希	前一个区块的哈希值
时间戳	生成本区块的大致时间
随机数	生成本区块需要的哈希计算输入数据
难度值	生成本区块所需的难度值
Merkle 根	本区块体 Merkle 根的哈希值

表中的概念很枯燥,下面我们以发票(图3.2)为例来对比说明。

图3.2　发票样张

　　这是一张常见的发票。发票代码通常包含发票所属地区、年份、批次、发票种类等信息,这些信息可以大致看作发票的版本号。发票号码是本张发票在整本发票中的编号,当我们需要把一本顺序已被打乱的发票重新整理好时,正是通过发票号码将它们排好序的。但这个概念和前向哈希不太一样,在区块链中,每个区块记录了它前一个区块的哈希值(可以看作区块的编号,但这个编号不连续)。前后区块的链接关系有点像你在嘈杂的火车站排队买票，在排队的长龙中，每个人都只需要盯住自己前面一个人就可以保证整个队列秩序井然。时间戳与发票上的开票日期类似，表明本区块生成的时间，当然它比发票开票日期只写到"日"要精确得多。

随机数、难度值和Merkle根在发票上没有对应的信息，为区块所特有。其中随机数和难度值的作用在第二章已经说过，前者是向其他"矿工"公布的哈希计算的答案以供大家验证，后者是系统用来调整竞争记账权难度（即"挖矿"难度）的。

Merkle根稍微复杂点，它是一棵Merkle树最上面的一个节点。Merkle树是一种用来存放区块链中交易摘要信息的结构。现实生活中，很多结构都可以用"树"的方式来表示，比如公司组织架构（图3.3）、家谱（图3.4）等。

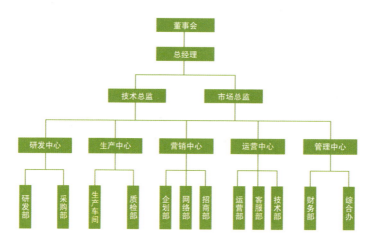

图3.3　公司组织架构示例

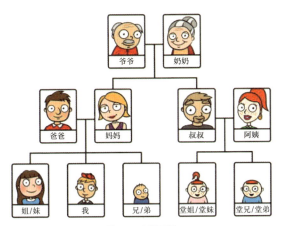

图 3.4　家谱示例

　　Merkle树和这些例子的不同在于：它是规整的二叉树。所谓二叉树是指从树根开始，先分成两支，然后每支再分为两支，一直分到最底层。

图 3.5　一棵天然"二叉树"

把图3.5的树用二叉树图绘制出来就如图3.6所示。

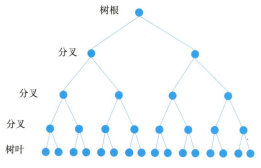

图 3.6 四层二叉树图

二叉树结构最底层的节点称为叶子节点,叶子节点存放一次交易的摘要信息,摘要信息是通过哈希计算得到的,人是没法读懂的。它的作用是什么呢?前面说过,哈希计算的一个特点就是哪怕你对原数据进行了非常微小的改变,其摘要信息都将发生巨大的变化。哈希计算的一大作用就是防篡改,哪怕你只动一丁点儿手脚,也会在前后两次哈希计算结果的巨大差异上反映出来。

两个叶子节点汇集到一个小的根节点上,这个根节点存放的是两个叶子节点哈希计算结果的摘要信息。在图 3.1 中,根节点"交易 12"存放的值是将叶子节点"交易 1"和"交易 2"的哈希计算的结果作为源数据,再做哈希计算的结果。以此类推,直到最后的主根节点,即主根节点保存了所有叶子节点按顺序两两组合后的哈希计算结果,这个结果就保存在区块头的 Merkle 根中。

一个区块的所有交易内容都保存在区块体中,如同发票上的明细一样。要完整地保存所有交易信息是非常耗费存储空间的。最初,比特币系统设定一个区块大小为 1MB(兆字节),运行到 2018 年 7 月时,比特币区块链中总的交易数据大小已接近 170GB(千兆字节),根据相关研究机构估算,今后这一数字每一季度大约会增加12GB，因此不大可能把所有交易数据都保存到每一个节点上。而每个区块头的容量只有80B（字节），比特币网络中所有区块头的容量比总的交易数据要小得多，大约只有几十兆字节，对于单个节点而言很容易保存。

前面说过，每个区块头都记录了前一个区块头的哈希计算结果，使得后续节点可以通过区块头的哈希计算结果一直追溯到最开始的节点，从而形成一个链，这个链就是区块链。区块链的表现样式如图3.7所示。

二、区块链的类型

根据区块链应用场景的不同，我们可以大致地将其分成公有链、私有链和联盟链三种。

公有链是指整个区块链都对外开放，所有能够连接到区块链网络上的用户都可以加入公有链，不需要进行身份验证，完全公开透明。比特币就是一个公有链，只要你下载比特币客户端，就可以加入比特币网络，实现"挖矿"、交易等操作，没有任何限制。为了保证交易记账打包权竞争的公平，公有链下会采用不同的竞争方式（即共识机制，在后面会讲到）。公有链存在节点的可信度不可知和规模大小不可控的问题。

与公有链相反的是私有链，即区块链网络只对某个组织内部开放，比如一个公司、一所大学、一家医院等。由于是在组织内部，所以节点之间的可信度要高得多，链的规模也容易控制，交易记账打包权竞争可采用多种机制，如权益证明（PoS）、委托权益证明（DPoS）、实用拜占庭容错（PBFT）等方式。相对于比特币的工作量证明（PoW）方式，这些机制相对节能环保。

联盟链介于两者之间，有一定的封闭性，也有一定的开放性，

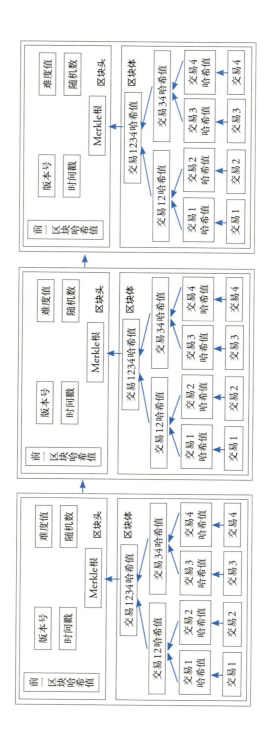

图 3.7 区块链示意图

比如由多家医院、药店、保险公司、监管部门等共同构成的医疗区块链。如果不同机构都有自己的私有区块链，那么就可以粗略地将其看成是多个私有区块链的联合，数据会在联盟机构之间共享。组成联盟链的节点可信度相对较高且链中节点数量相对可知。

这有点类似于学校的网络：校园无线网一般只能在校内访问，校外是无法访问的。Eduroam就是专为科研和教育机构开发的安全的环球跨域无线漫游认证服务，现已覆盖全球70多个国家和地区的6000多家科研机构和教育机构，这就有联盟的意思了。再推而广之，电信运营商提供的无线网络就是全国甚至全世界都能访问的。

三、比特币与区块链的关系

本书前两章讲的是比特币，本章讲的是区块链，当然第二章也提到了区块链，本章也提到了比特币，甚至还有区块链网络、比特币网络等，这些概念混杂在一起，让人一头雾水：比特币和区块链是什么关系？

呃，这是什么关系？一个是基础，一个是应用的关系啊。区块链提供了一种机制、平台、框架，比特币是在上面运行的应用。举个例子，互联网和QQ是什么关系？互联网是数据通信基础设施，QQ是互联网上的应用。高速公路和客运大巴是什么关系？高速公路是道路基础设施，客运大巴在高速公路上提供客运服务。

关系很简单，但介绍区块链的书（包括本书）大都会从比特币讲起，原因有二：第一，区块链的概念是和比特币一起出现的，准确地说，区块链是随着比特币的出现而为众人所知的，虽然它的核心技术早就出现了。如同P2P与napster的关系一样，napster的出现使得大众熟知P2P技术（P2P一直隐藏在互联网中而被大众所忽略），进而带动了迅雷、电驴等P2P下载软件的走红，甚至很多视频播放器也采用了P2P技术。第二，比特币是区块链推出来后的一个很恰当的应用，大众很容易就接受了，也使两者有点分不开了，以至于很多人都把比特币等同于区块链，但我们要知道这完全是两个不同层面的事物，就像迅雷和电驴不等同于P2P一样。

如果从比特币的出现开始算的话，区块链发展到现在已经经历了三代，我们可以用区块链1.0、区块链2.0和区块链3.0来划代（图3.8）。

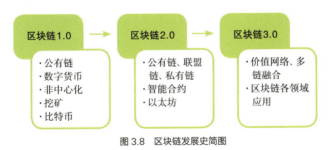

图 3.8　区块链发展史简图

一、区块链1.0

比特币在某种意义上可以看作区块链1.0。以比特币为代表的加密数字货币的历史使命就是将区块链1.0推上技术发展的舞台。

区块链1.0的伟大之处就在于，它把我们常见的几类技术：P2P、密码、分布式共识、分布式存储综合在一起，并找到了一个非常好的表现方式——比特币。所以，一种技术是否能被大家接受，除了技术本身的先进性外，依附于该技术的应用或者说切入点，往往起着决定性的作用。比如前面提到的实现音乐、视频等文件共享的napster就带火了P2P技术。

区块链1.0的一个主要思想是非中心化（decentralization），这个词大多数情况下被翻译成去中心化，这容易让人误解，以为区块链1.0是没有中心的。事实上，区块链1.0可能不是单一中心的，但可能是多中心或者无中心的。由于没有单一中心，所以需要通过共识算法来达成一致，以保证区块链1.0上的事务能够被及时处理。

二、区块链2.0

区块链2.0最主要的特点是强调了智能合约，虽然在比特币系统中智能合约已经闪烁其间，露出了"尖尖角"，但未引起足够的重视。或者说，因为比特币的光环太过耀眼，大家都专注于如何"挖矿"，而忽略了它的其他特点。就像我们着迷于林书豪的球技，却忘记了他毕业于哈佛大学；喜欢林志玲甜美的声音，却忽略了她曾在多伦多大学学习西方美术史和经济学。

关于智能合约，我们暂时可以将其简单地看作：一旦约定的某些条件满足后，区块链将自动执行约定的操作。实际上，现实生活中存在很多类似智能合约的概念，比如信用卡的自动还款。若我们将某个银行的信用卡和借记卡绑定起来，并设定一个自动还款关联，这样一旦到了信用卡的还款日期，银行计算机系统就会自动从借记卡上扣除相应金额。这一自动扣除过程满足了两个条件：一是约定的还款时间到了，二是借记卡上有足够的钱。我一同事的工资卡被他老婆设置成了定期自动转账到另一个账户，这一操作无疑也是智能合约的一种体现。

存在于计算机中的或者以软件方式表示的智能合约比较容易理解，即可以理解为利用计算机自动完成设定的相关操作。推而广之，我们也可以将相似的自动控制纳入其中，比如空调的自动模式，当室温超过设定的温度时，空调会自动启动；当室温低于设定的温度后，空调就会停止运行，使室温保持在设定的温度。另一个十分常见的例子就是手机闹铃：每天早晨我都会被手机闹铃吵醒，这估计是人生中最讨厌的时刻了，特别是在寒冷冬天的早晨。只要有电，手机就会执着地吵醒我，显然我与手机达成了一份合约——我给它充电，设置好时间，它按时闹醒我。

三、区块链3.0

与区块链1.0聚焦加密数字货币、区块链2.0聚焦智能合约不同，区块链3.0聚焦于区块链在社会各领域的应用，包括但不限于身份认证、公证、仲裁、审计、域名、物流、医疗、邮件、签证、投票等，有人说它是价值互联网的核心。如果说区块链1.0主要是试水比特币，直接实现经济价值，区块链2.0更多地解决底层架构、安全、共识、性能等问题，夯实区块链的技术基础，那么区块链3.0就是真正地将区块链与现实世界相结合，利用区块链来更好地解决现有问题。

区块链3.0也是最容易被"爆炒"概念的阶段，毕竟潜在应用领域太多，每个领域用区块链包装后都会"高大上"起来，使得"区块链是块砖，哪里需要哪里搬"。这有点类似当年"爆炒"纳米概念——纳米地板、纳米衬衫、纳米化妆品、纳米洗衣机，甚至纳米水。

真正有效的区块链3.0应用是有的，我们在后面会专门介绍，但要防止对区块链不切实际的幻想，认为它能解决一切问题。这有点像当年的射频识别（Radio Frequency Identification，RFID）。我的同事研究RFID技术及其应用，有一天他兴致勃勃地对我说，他找到了利用RFID进行食品溯源的应用场景了。我说愿闻其详，他眉飞色舞地说："给食品从生产端到消费端全程打上RFID标签，这样就能保证食品的安全性了。"比如一棵菜，在田间就打上RFID标签，一直到这棵菜被送到超市，被人买了下锅时，都可以上网查到它的来源。我冷笑一声："按你的思路，吃火锅的时候，毛肚上有RFID，鸭肠有，老肉片有，凤爪有，土豆有，豆皮有……这一锅的RFID，看你还想吃不想吃？"所以，技术有它的缺陷，但并不妨碍我们先行先试先探索，但愿对区块链3.0的"爆炒"不会把大家带偏了。

　　区块链并不是一项新技术，它可以被看作现有技术的集成应用。区块链的核心技术基础包括分布式数据库、P2P网络、密码学和共识机制。

　　一、分布式数据库

　　有人说区块链的本质是分布式数据库，这话对，也不对。从前面的比特币和区块链介绍中我们知道，比特币的交易数据是保存在区块上的，所以区块链可以被看作数据库。对于数据库，我们通常会想到SQL Server、Oracle之类的软件，它们管理的是关系型数据（所谓的关系型数据，可以简单地将其想象成一张表格，列代表不同的数据项，行代表不同的数据，比如包含单位所有人工资的工资表），所以称之为关系型数据库。关系型数据是我们最常见、最容易理解的数据形式。我的同事中有很多"表哥""表姐"，因为他们上班经常处理各种电子表格，电子表格在大部分情况下可以被看作关系型数据。区块链上存储的数据虽然不是关系型数据，但并不妨碍我们把它看作一种数据库。

　　讲分布式数据库之前，我们先看看集中式数据库。顾名思义，集中式数据库就是将所有数据集中到一块儿存放，这种方式最大的好处是管理起来方便。但缺点也是明显的，比如不安全、效率不高。不安全是因为所有数据都保存在一个地方，相当于你把所有鸡蛋都放在一个篮子里，容易被一锅端；效率不高是因为所有的数据都存放在数据库中，当有很多用户同时访问数据库中的不同数据时，数据库无法同时对所有用户高效服务，容易产生性能瓶颈。这就好比你到风景区去玩，中午吃饭的时候往往发现大排档只有两个人在那里，一个负责收钱，一个负责煮东西。围绕在大排档周围的顾客有多种要求：有的想吃面，有的想吃抄手，还有的想吃酸辣粉。你会看到煮东西的人一边忙得不可开交，一边安慰顾客说："这锅面条煮完了就煮抄手，抄手煮完了就煮酸辣粉。只有一口锅，没办法呀。"

于是人们想到了将数据分散存放，从而规避不安全和效率不高的问题。这就好比，你以前把所有私房钱都藏在家里的某一个地方，比如卫生间天花板上或者冰箱下面，这样管理起来很方便，因为你只需要记住一个地方就可以了，但其风险是可能会被一网打尽。于是，你自然就想到要降低风险——将钱分散存放：天花板上放一点，冰箱下放一点，书架上的《区块链：看得见的信任》书页里放一点……这样即使一处被发现但大概率下也不会全部都被发现，这下安全性就提高了。如果大排档准备三口锅，分别用来煮面条、抄手和酸辣粉，那就可以同时应对三种需求了，效率就提高了。

分布式数据库的做法就是将数据分散到不同的地方存放，比如说一部分放在北京的服务器上，一部分放在上海的服务器上，还有一部分放在贵州的服务器上。这样，北京的服务器宕机后，至少存放在上海和贵州服务器上的数据还在，可以恢复一部分。如果有三个人同时访问数据库，而各自需要访问的数据分别存放在北京、上海和贵州三个地方，那么这三个人就可以同时访问数据而互不干扰。

区块链就是将所有交易数据分布存储到全节点上，这样所有交易数据实际上就有了很多备份，这一方面保证了数据安全，另一方面还可防篡改，因为数据有多个备份，你没法只修改一处数据就宣称修改后的数据才是正确的数据，因为可能还有一万个甚至十万个备份数据没有被修改。虽然人们常说"真理往往掌握在少数人手中"，但在防篡改上必须少数服从多数。于是，区块链中就出现了一个安全新名词——"51%攻击"，意思是说因为作恶者拥有区块链中51%的计算能力，他更容易在共识中获得交易记账权，从而篡改数据。这就好比董事会中几个股份总额过半的股东，如果他们要联手反对某项议案，那么采用简单多数议事原则，就能够容易地达到目的。

二、P2P

一般情况下，按照设备之间通信方式的不同，我们可以把互联网的结构简单地分为两种：中心化网络和非中心化网络。前者是目前绝大多数网站采用的结构，在这种结构中，用户计算机通过网络连接到一个中心服务器上，访问该服务器上的信息，用户之间交换信息和数据也通过该服务器进行中转（图3.9）。这有点类似于邮政网，两个人之间通信，一方要把信投递到邮局，邮局间进行信件传递，再由对方邮局把信件传递到收信人手中。这里的通信双方就好比互联网上的计算机，邮局就好比网站服务器（不同网站可能有不同的服务器，服务器之间可以相互通信，就像不同地方有不同的邮局，邮局间可以相互传递信件），信件经过"个人—邮局（可以是一个邮局，也可以是多个邮局）—个人"的方式实现了传递。

　　中心化网络的好处是每个用户只需要保持和服务器的连接畅通就可以了，不用考虑与其他用户的连接。就好比你只需要考虑能够把信件投递到邮局，邮局也能把信交给你就可以了，而不用考虑你和通信的对方是不是有连接关系，因为那是对方和对方邮局需要考虑的。电话网络也类似于此，通常只需为你安装一条连接到通信公司的电话线就可以了，而不用为你和通信录上的每个人分别安装一条电话线。

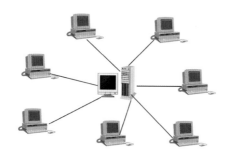

图3.9　中心化网络中计算机间的通信

　　非中心化网络有多种，P2P网络是其中一种。在这种网络中通常不存在明显的中心服务器，网络中各节点计算机既是用户也是服务器，具有相同的功能，地位都是平等的，无主从之分。每台计算机都向网络中的其他计算机提供资源、服务和内容，如信息的共享和交换、计算资源（如CPU计算能力共享）、存储共享（如缓存和磁盘空间的使用）、网络共享、打印机共享等。

　　我们最能体会到的P2P网络就是在使用一些下载软件的时候，如果需要的文件在另一台计算机上，通过这些下载软件可以直接在两台计算机之间实现点对点的连接，这有点类似于建立了一条直接连接两台计算机的专线，从而在专线上完成文件的传送。因为不需要绕行服务器，当用这些软件下载大文件的时候，速度会比从服务器上下载快得多。

有的人可能对P2P谈虎色变。P2P网贷并非在P2P网络上开展网贷业务，实际上是借用P2P（个人对个人）的概念：网络信贷公司提供平台，由借贷双方自由竞价，撮合成交。这和P2P网络中节点和节点之间不通过第三方直接互联的模式相似，本质上应该降低借贷成本、提升借贷效率，但其实际走向却不受控制，结果出乎意料。

在不同的应用环境中，中心化可能比非中心化更有优势，我们以电话的发展为例来说明。在电话出现的早期，电话和电话之间是直接连接的非中心化模式，如果你要和多部电话通话，就必须拉多条电话线。也就是说，你建立了多条直接和对方通话的专线，这是非中心化的结构。在电话还不多的时候，这种连接方式还没什么问题，甚至显得非常高效，但唯一的缺点是你必须分清楚你和对方通话需要用哪条电话线。当电话多了后，这种方式就带来了灾难，因为总的电话线数量大约是所有通话方数量的平方的一半。例如，10个人相互要打电话，需要的电话线总数是50条左右；如果是10000个人相互打电话，需要5000万条电话线；如果是10万、100万人相互打电话呢？想想检查电话线时的困难吧。

于是人们建立了电话局，所有电话线都连接到电话局，先是由人工建立两个通信方的连接，后来发明了电话交换机，由计算机来完成这项工作。在这种中心化结构中，用户只需要安装一条连接到电话局的电话线即可，大大减少了电话线的总数，也降低了用户使用电话的成本。

在无线通信的4G通信时代，手机间的通信需要通过手机基站来实现中转，当连接的手机数量超过基站的容量上限后，我们就会发现没法上网或打电话了。5G通信则用到了一种被称为D2D（Device-to-Device，终端直通）的技术，这种技术类似于P2P，可以实现手机到手机的直接通信，提升了通信系统的容量和传输速率，这是某种程度上的非中心化。此时，非中心化比中心化更有优势。

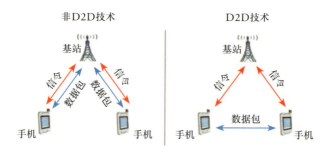

图 3.10　非 D2D 技术和 D2D 技术

三、密码学

区块链中用到的密码学技术主要包括哈希算法和公钥密码体制，其应用包括形成共识（比特币中的"挖矿"）、防篡改、交易等。

先说哈希算法。第二章中说到了哈希计算在"挖矿"中的应用，该应用有赖于哈希算法一些很好的特性，尤其是其单向性。"挖矿"时，"矿机"通过不断尝试计算出满足条件的新区块的哈希值，这个哈希值就作为下一个区块头引用的前一个区块的值，而本区块通过引用其他区块的哈希值形成一条链，也就是区块链。

区块链中哈希算法的另一个应用是防篡改。区块体中包含当前的交易明细，明细数据两两间进行哈希计算，然后将计算结果再两两间进行哈希计算，一直进行下去，直到最后得到一个值，这一个值就是Merkle根。Merkle根和各次哈希计算的结果一起构成了一棵Merkle树。任何针对交易明细的更改都会剧烈地改变树中的某些哈希计算的结果，从而改变Merkle根的值，使得大家可以一目了然地看到有交易数据被更改了。我们甚至还可以通过Merkle树反向追踪到是哪些交易数据被篡改了，这对篡改者来说不是个好消息。这也是为什么说区块链有防篡改的功能——除了数据多处都有备份外，哈希计算能够很容易地检测出并定位到篡改位置。

有个广为流布的民间传闻，虽然它经不起推敲，但也为大家所津津乐道：传闻康熙"传位十四子"的遗诏被篡改成了"传位于四子"，于是胤禛就成了雍正皇帝。这显然是杜撰的，有太多漏洞：遗诏会有汉、满两个文本，汉文能改，满文改不了；古代一般写"於"而不写"于"；遗诏上会写明继位者的名字；等等。但这并不妨碍我们魂不守舍地追剧——《甄嬛传》《宫锁心玉》《步步惊心》……顺便幻想一下：要是当年康熙用上了哈希算法，这一篡改会立马露馅！

区块链中用到的另一个密码技术就是公钥密码，其应用领域包括生成交易账户地址、交易验证、拥有证明等。公钥密码的详细技术会有专门章节讲解，此处单说公钥密码是怎样在区块链中发挥作用的。

在讲比特币的时候我们说过存在比特币地址，比特币交易转账就是向某个比特币地址转入和转出一定数量的比特币。比特币地址是比特币拥有者的私钥通过复杂的变换得到的，这样的话，比特币地址和拥有者之间就存在着联系，其他用户几乎不可能宣称对某些比特币的所有权，因为他们拿出的私钥经过变换后得不到一样的比特币地址。

另一个需要担心的问题是交易双方是否就是他们所声称的双方，即交易双方身份的真实性。这在移动互联网时代显得尤为重要，比如你的QQ或者微信上忽然出现了一位让你心动的小姐姐，你心花怒放地和"她"聊天，但对方也许是一个伪装成小姐姐的汉子。公钥密码体制下，交易双方都有能表明自己身份的私钥，这样就很容易利用密码来完成双方的身份认证（详细过程在后面的章节中说明），这显然省去了你要开"我就是我"的证明的麻烦。

四、共识机制

什么是共识机制？学术的说法就是在分布式系统中，不同节点能够在有限时间内就参与方提出的议案达成一致性结果。举个通俗的例子就是：下班时间到了，几个人在微信群里讨论到哪里去聚餐，Alice说吃火锅，Bob说吃钢管厂串串，Carol说吃水煮鱼，Dave冷笑一声说，这些吃法都过时了，现在流行去泡面店吃碗方便面。于是，分歧就这样产生了。这个时候大家要尽快达成一致，否则晚了要么堵车要么没吃的了。其他类似的例子有选举、董事会开会决定投资项目、单位讨论要不要给你加薪、联合国开会讨论要不要派出维和部队，等等。生活中参与方最少的、需要达成一致的例子可能就是你和老婆商量春节回哪个的老家。

区块链中共识机制应用得比较多的是工作量证明（Proof of Work，PoW）、权益证明（Proof of Stake，PoS）、代理权益证明（Delegated Proof of Stake，DPoS）。

（1）工作量证明

这种共识方式在第二章中已经说得较为详细了，基本上可以看作你只要努力，拥有的资源越多，就越容易使共识的结果朝向对自己有利的方向发展，也就是说你越容易从竞争中脱颖而出。看看澳大利亚的园丁鸟，为了从众多的雄性求偶者中胜出，它们会从各个地方收集尽可能多的不同装饰物，如石英、花、蘑菇、羽毛、眼镜等，并搭建成"求偶亭"来吸引雌鸟。由于PoW规则简单，所以无论在人类社会还是在自然界都得到了广泛应用。

（2）权益证明

这种方式在决定谁能够在竞争中胜出时采用了币龄（币龄=币量×持币天数）的概念，你的币龄越长胜出的概率也就越大。在共识的时候，币龄最长的获得了打包交易产生新区块的权利，但这会消耗他的币龄。为了补偿他的工作，系统会给他一点奖励，奖励和他消耗的币龄挂钩。权益证明避免了PoW中大量资源的消耗，看上去环保低碳，但存在"强者恒强"的问题，对大持币者友好而忽略了小持币者。就像在董事会里，小股东的权益往往会被大股东所忽略，因为他们的投票权太微不足道了。

（3）委托权益证明

这种方式和现实生活的代表制度类似，即首先由所有节点投票产生若干代表，再由这些代表负责对区块链中的交易打包并挂接到链上。由哪个代表完成这项工作是按照系统设定的顺序轮流着来，如同值日一样，但这个顺序可以调整。有时也会有代表偷懒，该他值日的时候他却出工不出活，那么所有节点可以将他的代表资格取消并投票选出新的代表。这看上去公平和有效率多了。

PoW的方式有点类似于几个部门在决定吃什么的时候，大家采用划拳的方式决定胜负；PoS则看哪个部门员工的平均年资最长，长者优先；而DPoS中，员工们说以上两种方法太麻烦，你们几个部门老大定了就可以，大家轮流坐庄。

除了上面提到的三种共识机制外，还有很多其他机制，如dBFT、PBFT等，我们在后面的章节再详述。

讲了这么多区块链的知识，我们来总结一下区块链的特点：

一、非中心化

非中心化可能是区块链的特性中争议最大、最易引起误解的——绝大多数人会认为区块链是"去中心化"而不是"非中心化"。但事实上没有任何一个区块链系统是去中心化的，甚至比特币系统还造成了事实上的中心化，因为它对计算能力的要求越来越高，使得只有拥有超强计算能力的"矿工"才能挖到矿，普通玩家没法参与，新产生的比特币慢慢地集中到少数"矿工"手中。这就像如果网约车公司将出租车公司挤垮后，用车就从原来可以从多家出租车公司中选择，变成只能从有限的几家网约车公司中选择，集中度更高了，中心化更明显了。区块链是"非中心化"而不是"去中心化"的，后者是绝对的自由主义，在现实世界是不大可能长久存在的。非中心化相当于把单一的中心扩展、分散成多个子中心，是一种分权行为。非中心化使各个节点处于相对平等的地位，这保证了大家参与到共识中去的积极性。同时，非中心化也保证了整个区块链系统的效率和容忍系统出错的能力。

二、不可篡改

我们在前面已经说过，区块链采用了分布式数据存储模式，使得所有交易数据都会在其所加入的区块链的多个节点（不一定是所有节点，取决于节点的类型和功能）中保存，这相当于有了多个数据备份，要想篡改一个数据就必须保证将所有备份都修改掉，这几乎不可能。另一个保证区块链不可篡改（实际上是检测篡改）的是哈希算法。前面说过，一旦有数据被篡改，计算出来的哈希值就会完全不同，通过Merkle树还可以追踪到是哪里发生了篡改。这就起到了威慑作用——防止产生篡改数据的念头。第三个保证区块链不可篡改的特性与它的结构相关，区块链可被看作一个自增的数据库，无法对历史数据进行修改和删除操作，因此非法用户就无法对过往数据进行篡改。

三、非实名

很多人会说区块链是匿名（anonymous）的，但实际上区块链从比特币开始讲的都是非实名（pseudonymous）的。所谓的非实名是指你在区块链上会有一个代号，这个代号下的所有交易过程实际上都是透明的，链上任何一个用户都能够查询交易信息。但你很难把代号和某个真实的人联系起来。这有点类似于QQ号，你在QQ群里的发言会被群里的每个人看到，但他们仅凭QQ号很难和真实的你对上号。非实名化在一定程度上保护了你的隐私，除非你主动泄露自己的信息。在信息安全中，黑客可能会利用社会工程学和大数据分析实现非实名实名化。区块链发轫于比特币，而比特币上的交易对隐私保护有较高的要求，区块链也就继承了比特币的非实名机制，从而能够适应更多应用中保护用户隐私的需求。

四、透明

区块链的透明性很容易理解，主要体现在两方面：一是所有的交易都在链上存放着，只要是链中的成员都能够查看链上的所有交易。借助哈希算法和Merkle树，每笔交易都是可以验证和检测的，若有非法操作很容易就能被识别出来。二是区块一旦被链接到区块链上后，是很难将它再从链上去掉的。也就是说，区块链实际上保存了所有交易的日志，这个日志是不断添加的，不允许修改，也不允许删除，因此你的所有交易历史都可以在链上查询到。透明并不意味着在区块链上的操作和交易都能与某个具体的人挂上钩，利用区块链的非实名特性，能在很大程度上保护你的隐私。透明提升了区块链的安全性和可信性，就如同开源软件往往比非开源软件的安全性和可信性更好，因为软件代码经过了很多人长时间的分析研究，任何恶意代码都会暴露在大家眼前，完全无处隐藏。

五、开放

区块链就是一个开放的系统，用户可以自由地加入和退出，如同QQ、微信一样。不过，私有链、联盟链和公有链三种不同类型的区块链开放性不同，其开放性依次递增。在私有链中，区块链向一个相对小的用户群开放，群里的用户可以自由进出。在联盟链中，联盟内的用户可以自由进出。公有链的开放性最高，任何用户都可以自由进出。比特币是典型的公有链，在比特币系统中，任何人都可以下载比特币软件，然后连接到比特币网络，成为比特币网络的一个节点开始"挖矿"。它不会因为你计算能力的高低而有所限制。除了用户进出的开放，区块链的共识机制还保证了共识过程的开放，任何用户都可以按照一定规则参与共识，开放保证了所有参与方的利益最大化。

六、智能

智能在区块链1.0中并没有体现，因为比特币系统的主要目的就是产生和交易比特币。在区块链2.0中引入智能合约后，区块链就具有了初步智能，虽然这看上去最多只能是一种自动化，甚至是某种形式的条件触发机制，离真正的智能有较大差距。智能使区块链能够根据其大量的历史数据或内部和外部状态实现约定的链上操作，完成诸如比特币或者其他数字货币的转账交易。借助外部系统，区块链可以和大数据系统、物联网及其他信息系统实现数据交互，实现更高层次、更为实用、影响更广的区块链智能应用。

七、可信

我们是否可以真正信任区块链，或者说区块链是不是可信的，这是一个有争议的问题，正反双方都可以找到很多论据来支持自己的观点。区块链集成了多种用来保证安全和可信的技术（如密码、共识机制），其架构和运行原理也提升了其安全性和可信性（如交易数据冗余存放、数据只读自增等）。这也是区块链目前能在一些安全性和可靠度要求高的领域（如金融、交易、溯源等）内广泛应用的原因。区块链的神奇之处就在于它把一群原本没有任何信任基础，甚至相互之间互不信任的节点聚在一起，利用架构和制度使它们能够建立起信任关系。

第四章

云中谁寄锦书来: 区块链数据与身份防伪

我们都有网上购物的经历，在网上购物既方便快捷，价格也还便宜。但是，我们在处理快递单的时候需要小心了，这里可能存在泄露隐私的问题。因为快递单上写了你的姓名、联系电话、家庭住址，甚至买了什么商品。别有用心的人通过分析这些信息就可能给你的安全带来隐患。比如，你经常买各种零食、化妆品和小工艺品，那么基本可以判断出你是单身女性，再加上电话和家庭住址，你可能就会陷入潜在的危险境地。因此我们希望能保护交易过程中的隐私。

现在的快递员除了可以把货物送到我们手里外，还可以帮商家代收货款，非常方便。有次一个陌生电话打给我，说要加微信，他好把付款二维码发给我，让我代付1300元的设备维修费，因为设备已维修好，正等着收件人签收呢。还好我知道这件事：一位小朋友把笔记本电脑的屏幕弄坏了，送回厂家维修后让我帮她付款。于是我加了快递员的微信，通过对方发过来的二维码将维修费转了过去。这个案例中，对方身份的真实性是我需要关心的。

网上购物容易起纠纷的一个重要原因是买卖双方对商品信息、服务条款等的理解不同。当买家比照着卖家的承诺条款去交涉时，不良卖家可能会否认曾经做出的承诺，从而使买家处于不利境地。

由此可见，交易过程中的隐私保护、真实身份的确认和信息的不可篡改是保证交易安全、有序进行的重要措施，而这些有赖于本章将要介绍的密码技术。

第一节 _____ 古典密码

　　在红遍全国的电视剧《潜伏》中，余则成在晚饭后会定时打开收音机，收听一段广播"现在是研究所呼叫勘探队，呼叫将重复两次：423 1066 963 3111 7054……"余则成在翠平诧异不解的眼神中记录下这些数字，然后从书柜里拿出一本书，开始译码。

　　问题来了，余则成和上级之间用的什么密码？

　　一、古典密码的发展

　　（1）移位密码

　　盖乌斯·尤利乌斯·凯撒（Gaius Julius Caesar，公元前102年—前44年），即凯撒大帝，他创建了罗马帝国并成为独裁者。凯撒作为杰出的军事家，倥偬一生，征战无数。行军打仗就要传递命令，特别是要解决在敌人存在的环境中的通信安全问题，即使敌人截获了命令，也无法或很难正确解读，于是凯撒发明了人类历史上著名的凯撒密码。

　　凯撒密码的主要思想是移位，即将需要加密的文字（通常称为明文）中的字母按照某种顺序，用其后面的某个字母代替，从而产生加密后的文字（通常称为密文）。这非常简单，很容易懂，其原理如图4.1所示。

　　图4.1就是一个5移位的凯撒密码体系。

原字母 A B C D E F G H I J K L M N O P Q R S T U V W X Y Z
替换后的字母 F G H I J K L M N O P Q R S T U V W X Y Z A B C D E

图 4.1 5 移位的凯撒密码

　　看看下面的例子：Bob 想向 Alice 表达心意，但又怕 Eve（他也喜欢 Alice）知道了，于是 Bob 把要发送的明文"I Love You Alice"按图 4.1 进行加密，得到密文"N Qtaj Dtz Fqnhj"。Bob 把这条密文发给了 Alice，这下他不怕 Eve 知道他发了什么了。

　　Alice 拿到（Eve 可能也拿到了）密文后完全看不出其含义，但是只要 Alice 按图 4.1 依次换回去即可得到明文。当然，Alice 和 Bob 要提前约定向左移 5 位（并且还不能让 Eve 知道），不然的话没法解密。

　　有密码就有破解密码的需要。凯撒的对手抓到交通员后获得密文，如果交通员不知道移位次数（通常情况下这是必需的，防止交通员泄密），对手就只有采用暴力破解了。暴力破解简单粗犷，其基本思路就是不断地尝试将字母移动 1 位、2 位……一直到 25 位，看看解密后的信息是什么，如果能看懂就是破解成功，没看懂就继续移位。

　　这样看来，凯撒密码是很容易破解的，只需要尝试 25 次就可以了。所以随着人类智力水平的发展，我们必须寻找新的加密方式。

　　（2）替换密码

　　所谓替换密码，就是将明文的字母按规则依次替换成另一个字母，这听上去和凯撒密码类似，但实际上有很大的不同：凯撒密码的替换是非常有规律的，而替换密码是无规律的，凯撒密码可看成替换密码的特例。

　　图 4.2 为一个替换密码的例子：

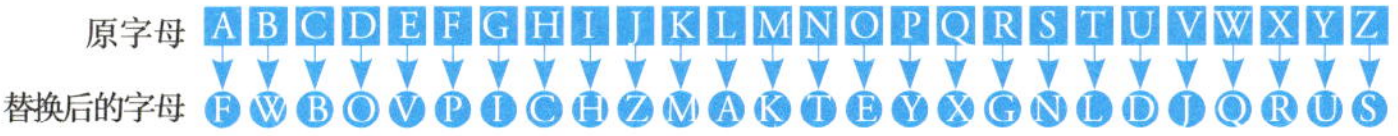

原字母 A B C D E F G H I J K L M N O P Q R S T U V W X Y Z
替换后的字母 F W B O V P I C H Z M A K T E Y X G N L D J Q R U S

图4.2　替换密码示例

上例的明文按替换密码加密后就成了：H Aejv Ued Fahbv。

替换密码比凯撒密码安全很多，原因是26个字母的对应关系共有26^{26}=6.1561195802072×10^{36}种。这个数字如此巨大，以至于就算暴力破解，每秒做100亿亿次破解也要耗费19亿年的时间才能完成！这足以保证密文的安全了。

替换密码是如此美妙，以至于人们普遍认为这就是密码的终极形式，需要做的无非是把替换表编排得更花哨，于是密码被认为是一种艺术而不是技术。就这样过了一千多年，直到阿拉伯人的到来。

（3）频率分析

在我们的印象中，阿拉伯人有几个标签：长袍、沙漠、石油、土豪……那些令人匪夷所思的土豪故事让我们完全忽略了阿拉伯人在科学技术史上的贡献。甚至可以说，没有阿拉伯人，就没有结束了西方近千年黑暗时代的文艺复兴。阿拉伯人在数学、化学、医学、动物学、植物学等领域都对世界有直接贡献。一些我们耳熟能详的词汇，如"代数"（algebra）、"咖啡"（coffee）、"沙发"（sofa）等，最初也都源自阿拉伯语，更别提无处不在使用的阿拉伯数字（虽然它实际上是古印度人的发明，但是它是由阿拉伯人传播到世界各地并作了深入研究的）。

阿拉伯人对密码最大的贡献是发明了频率分析式的密码破译法，利用这种分析方法，传统上被认为完全无法破译的替换密码被彻底攻破，人们在震惊之余也在不断寻找新的加密方法。

在讲频率分析法之前，我们先聊聊文字的构成方式。以英语为例，英文由单词构成，单词由字母构成。对一本英文书来说，里面的单词和字母出现的次数不是均等的，比如"The""A""I"这几个单词出现的次数可能比"Czechoslovakia"出现的次数多得多；在一篇时政新闻中"Trump"出现的次数也会比"Tofu"多得多。同样的，"e"在单词中出现的次数比"z"多得多。对中文而言也类似，"的"出现的次数一般比"龘靐齉爩"多得多；在时政新闻中，"中国""联合国"应该比"宫保鸡丁""朱鹮"出现的次数多得多。由于不同人用词用字的风格不同，因此在20世纪80年代就有美国学者用计算机统计发现《红楼梦》前八十回和后四十回中一些词汇出现的频率有较大差异，从而得出前八十回和后四十回分属两位作者的结论。

正是因为单词（词汇）和字母（字）有频率上的差异，所以破译者只要收集到足够的密文，并对密文中的字母组合和字母（字）出现的频率进行分析，再结合日常文字中单词（词汇）和字母（字）出现的频率，就可以逐步破译密文。实际破译例子比较烦琐，此处略去，有兴趣可以参看《码书》。

频率分析法中，收集的密文越多越好，这样才能得到正确的单词（词汇）和字母（字）出现的频率分布。由于不同领域中单词（词汇）和字母（字）出现的频率会完全不一样，因此需要破译者对密文背景尽可能地了解，避免频率偏差。有了这些准备工作后，剩下的就是耐心细致地按频率挨个替换了。

回到《潜伏》中，上级和余则成之间的联系密码就是一种替换密码，替换过程稍微有点复杂：双方先约定一本书，比如张恨水的《蝴蝶梦》，作为替换字表。上级把明文中的每一个字都转换成

《蝴蝶梦》中用某种编码方式指明的另一个字，比如页码+行号+列号，如7054表示第70页第5行第4个字（当然还要约定数字的构成方式——哪几位代表页，哪几位代表行和列）。于是余则成就在书里指定的位置找到那个字，这样依次把听到的数字换成对应位置的字，写出来就得到上级的命令了。

对这种密码的破解也可以用到频率分析法，只是稍微复杂一点。这种密码的好处是替换字表可以用很不起眼的一本小说（但千万不能用字典），比如《解忧杂货铺》，不会引人瞩目。但如果书籍选择不好也有很大的风险，比如选择了《区块链：看得见的信任》，而你的职业是建筑设计，这本书放在一堆建筑书籍中就会很引人注目。

二、Enigma

《猎杀U-571》是2000年上映的电影，这部电影包含我喜欢的几个要素：第二次世界大战、德国、潜艇、密码，可以说是百看不厌。这部电影讲述了盟军为了秘密夺取德国海军使用的一种密码设备，设计劫持对方的一艘潜艇，意图取走设备并制造沉没假象，以便让德国人不能意识到密码设备已被对手获得，但行动遭遇变故，盟军小分队身陷险境的故事。

Milton Keynes，一座按美国城市风格修建的英国小城，小城风光乏善可陈。小城的边上有个庄园——Bletchley，一般译作布莱奇利庄园。与布莱奇利庄园相联系的是这样一些名词：Enigma、密码、英国秘密情报局、世界上第一台计算机，以及如雷贯耳的——图灵（Turing）！

图 4.3 艾伦·图灵

艾伦·图灵（Alan Turing），英国数学家、计算机科学之父、人工智能之父。著名的图灵测试就是用来判定一台计算机是否具有像人一样的智能。图灵的结局是悲惨的，他的早逝是人类科学史上的重大损失。如果你正在用iPhone手机，那么请把手机翻过来，你在背面看到了什么？对，就是那个著名的被咬了一口的"苹果"商标！知道"苹果"商标以前的版本是什么吗？一个有着七种颜色的被咬了一口的苹果。坊间关于它有各种传说，一种传说我很喜欢，与图灵相关：被咬了一口的苹果代表图灵去世前咬了一口的那个浸在氰化钾中的苹果，而彩虹色嘛，你懂的。有人说，世界上有三个著名的苹果：伊甸园的那一个，落在牛顿头上的那一个，以及被图灵咬了一口的那一个。三个苹果，一个建立了人类世界，一个建立了物理世界，一个建立了赛博（Cyber）世界。

布莱奇利庄园发生了什么？先说说"enigma"，其德语意思是"谜"。以此命名的Enigma密码机是德国人发明的一种可以进行加密和解密操作的机器，最初用于商业领域，后因其安全性高而被德国国防部看中转作军用，分陆军型和海军型两种，海军型安全性更高。《猎杀U-571》中盟军夺取的密码设备就是Enigma密码机。

Enigma密码机由一系列灯泡、键盘、齿轮组成。键盘作为输入设备，灯泡作为输出设备，操作员在键盘上按下一个键，密码机通过齿轮的转换后点亮某个灯泡，就是这个键所代表的明文字母加密后的密文字母。这看上去和替换密码类似，但其替换方式远比普通替换密码复杂。Enigma密码机中有三个齿轮状转盘，每个转盘有26个齿，代表26个字母，不同转盘之间用触点相互接触，表示两个转盘之间不同字母的映射关系。为了增加复杂性，Enigma密码机还有接线板和反射器，相当于将26个字母做了多次替换。为了进一步增加复杂性，每次输入一个字母，转盘还要按不同的速率旋转。此外，为保证安全，转盘每天的安装顺序都不同，相当于替换方式只有一天的有效期。Enigma密码机的解密过程和加密过程一样，按照接收到的密文，根据密匙调整好接线板、转盘的位置和方向，依次按下键盘，然后把点亮的灯泡所代表的字母抄下来，就还原为明文了。这就是Enigma密码机的方便之处，加密和解密的操作一样简便。

图4.4　Enigma 密码机

　　Enigma很快成了盟军的噩梦，它几乎不能被破译，即使获得了机器也不行。但Enigma也有自己的弱点，比如每天的通信密码需要加密两次、通信密码是人为设定的、需要有密码本等。这实际上就为破解 Enigma 打开了窗口。英国人组织了包括数学家、密码专家、语言学家等在内的一组人员，在布莱奇利庄园开始破解 Enigma。

图灵为了破解密码，设计了一台机器——Bombe。该机器的原型早已被毁，但后人在庄园里复原了一台。破译 Enigma 的过程艰辛而幸运，如史诗般波澜壮阔，在《模仿游戏》（*The Imitation Game*）这部电影里，我们可以窥见那些激动人心、让人热血沸腾的故事。

图 4.5　Bombe 的主体复原模型

今天的布莱奇利庄园已经成了一个博物馆，摆满了各个年代的计算机实物或复原模型。庄园的草坪上甚至还有一架鹞式战斗机。

三、香农和信息论

克劳德·艾尔伍德·香农（Claude Elwood Shannon），美国数学家、信息论创始人。1936 年，他在密歇根大学获得数学与电气工程学士学位，然后进入麻省理工学院（MIT）读研究生。1938 年，香农在 MIT 获得电气工程硕士学位，写出了"可能是本世纪最重要、最著名的"硕士论文：A Symbolic Analysis of Relay and Switching Circuits（《继电器与开关电路的符号分析》）。香农把布尔代数的"真"与"假"和电路系统的"开"与"关"对应起来,用1和0表示,分析并优化了开关电路,从而奠定了数字电路的理论基础。

之后,香农继续攻读博士学位,他的博士论文是"An Algebra for Theoretical Genetics"(《理论遗传学的代数学》)。是的,这属于遗传学领域。

图4.6 克劳德·艾尔伍德·香农

1948年,香农发表了"A Mathematics Theory of Communication"(《通信的数学理论》)一文,这标志着信息论的诞生。信息保密性和隐匿性的编码是香农信息论的重要内容之一。早在1945年,香农就向贝尔实验室提交了一份机密文件,题目是"A Mathematical Theory of Cryptography"(密码术的数学理论)。这些成果为对称密码系统的研究建立了一套数学理论,从此密码术成为密码学,密码由一门艺术变成一门真正的科学。

从凯撒密码开始,经历了数千年,密码终于从手工作坊式的艺术变为可以用数学进行描述、刻画、推导、证明的科学和技术,名字也从"密码术"变成"密码学",作为一门理论"登堂入室",进入了科学殿堂。今天,密码与数学、通信和计算机紧密结合,向我们展示了它引人入胜的无限魅力,香农的贡献不可估量!

对称密码，从名称上理解就是加密和解密用的是同一个密钥（key）。密钥是指某个用来完成加密、解密、完整性验证等密码学应用的秘密信息。这看上去十分合理并容易理解，毕竟在现实生活中，我们关门和开门通常用的都是同一把钥匙，很少有关门用一把钥匙而开门用另一把钥匙的。

对称密码的加密和解密过程如图4.7所示。

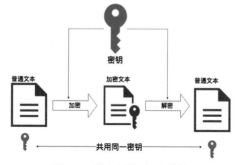

图 4.7　对称密码的加密、解密过程

事实上，对称密码的加密和解密过程如果设计得好的话，可以看成同一过程，就如同电灯的开关一样：按一下灯亮了，再按一下灯灭了，再按一下灯又开了……如此循环往复。如果不是因为明文相对密文能够让人理解其中的意思，否则你并不清楚看到的

是明文还是密文。你也可以把解密的过程看作再加密的过程，即

　　密文=加密（明文）

　　明文=解密（密文）=加密（加密（明文））

　　这样做的好处就是加解密过程简单，密钥的管理也很方便，毕竟你只需要保管一把钥匙而不是一大串钥匙。

　　常见的对称密码算法主要有数据加密标准（Data Encryption Standard, DES）、三重数据加密标准（Triple DES，3DES）、高级加密标准（Advanced Encryption Standard, AES）等，下面我们分别做简单的介绍。

　　（1）DES

　　DES的基本思想：将明文分成若干个组，每个组是64位长的二进制数，然后对每组的64位二进制数进行加密处理，产生一组64位的密文数据，其中56位密文数据参与实际运算形成整个的密文。DES使用了混淆（confusion）和扩散（diffusion）技术，此处简要解释为了对抗破译者通过统计分析进行解密，尽可能使明文和密文的关系复杂化，使破译者没法猜出密钥、明文、密文之间的关系。DES的解密过程和加密过程相同，只是每轮用到的密钥顺序相反，即第1轮解密用到第16轮加密的密钥，第16轮解密用到第1轮加密的密钥，以此类推。

　　DES算法的密钥较短、加密处理简单、加解密速度快，适用于加密大量数据和对加密要求不高的场合。DES在POS机、ATM机、磁卡及智能卡（IC卡）、加油站、高速公路收费站等有较多应用。

　　DES的主要问题在于密钥短，早期计算机因为运算能力有限，所以需要很长的时间破解DES加密数据。1997年的一个案

例中，破译者利用14000台个人计算机花了4个月破解密钥。到了1998年，破译者只用了41天就破解了密钥；1999年，只用了22小时。如果运算能力进一步提高，几个小时就足够破解密钥了。所以，在现代个人计算机计算能力下，DES算法已经不足以保证安全了。

说到这里，需要明确一点，我们说一个加密方法是安全的，并不是指用这个方法加密后破译者永远无法破解，所谓的安全是指在一定资源和一定时间内这个加密方法是无法破解的。

"一定资源"是指绝大多数情况下能够用到的资源，比如一般情况下你能动用的计算机数量。这就好比前面我们讲到的区块链中的"51%攻击"，只要你掌握了整个区块链中占51%计算能力的计算机的控制权，你就可以篡改区块链，但这种可能性相当低，因此我们说区块链可以防篡改。也就是说，安全主要考虑的是与该安全相关的典型和一般应用环境，而不是一些极端应用环境，考虑极端应用环境会极大地提高安全成本。这就好比家用汽车碰撞测试主要考虑的是普通车与车之间的碰撞，基本上不会考虑车与坦克、装甲车的碰撞。

"一定时间"就更容易理解了，就像涉密信息有保密期一样，过时的信息公开了也没什么问题。高考试卷上印着"绝密"字样，但一旦开考就解密了。只要破解的时间超过保密期，这种加密方法就是安全的，这实际上是安全和成本的综合考虑。所以不同应用场景采用不同的加密方法，就是在寻求保密成本和安全之间的平衡。这就好比，你家的防盗门绝对不会采用银行金库的防盗门，因为你装不起金库防盗门，况且你家也没那么多值钱的东西，估计全部家当还抵不上那扇门。对小偷来说，他也不会开挖掘机来撬门，普通的榔头、扳手、钢钎一时半会儿也打不开门，所以普通防盗门足够了。如果你装了密码锁，也不用太强的加密措施就可以了，毕竟小偷不会用卡车拉台超级计算机放在门口，接上密码锁开始破解。（"007"之类间谍电影中用一个香烟盒子般大小的设备，十几秒钟就开锁，纯属虚构，毕竟我们不可能在电影院坐几天等他破解成功。）

（2）3DES

3DES是在DES的基础上连续执行三次加密操作，通过三次加密操作将原来只有56位有效位的密钥拉长为168位，这样就增加了暴力解密的难度。

3DES的工作过程如图4.8所示。

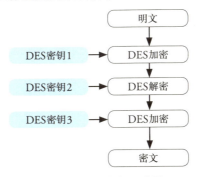

图4.8　3DES加密流程示意图

我们从图中可以发现一个问题：3DES的加密过程可以写成（DES加密，DES加密，DES加密），但是前面我们知道DES加密后再加密就相当于解密了，即（DES加密，DES解密，DES加密），只有最后一次DES加密才是真正的加密，这相当于前两次的工作无效！为什么要这么做？

这主要是为了兼容以前的DES，即如果以前的系统用的是

DES加密算法，那么新系统采用的3DES算法可以完成之前DES一样的功能，只不过有两次白费了。但这样做的好处就是系统用统一的加密过程就可以满足需要3DES和DES两种加密算法的场景，不用再单独设计DES加密过程。当然，如果只是纯粹的3DES加密，可以通过在不同阶段用不同的密钥来达到提升加密强度的目的。

（3）AES

DES和3DES事实上都有安全问题，因为计算机运算能力飞速发展，破解时间变得更短。1997年，美国国家标准与技术研究院（National Institute of Standards and Technology，NIST）公开征集新的对称密码算法，要求新算法比3DES快、至少与3DES一样安全、数据分组长度为128比特、密钥长度为128/192/256比特，新的密码算法公开并免费使用。

于是全世界密码学家开始提出各种方案，NIST经过评审最终采用了两位比利时密码学家提出的AES算法（算法细节此处不详述）。因为密钥长度增加了，所以算法安全性得到很大提升，它将逐步取代现有的DES和3DES算法。

看到这里，也许有人会疑惑：算法都公开了，这还安全吗？或者，很多人认为秘而不宣的密码算法才是安全的，加密过程都一清二楚怎么保证安全。于是，很多情况下不采用已有成熟算法而挖空心思造一个专属定制版算法才被认为是安全的。殊不知，成熟、公开的算法是通过无数密码学家和用户反复验证、改进后得到的，已经将弱点降到了最少。专属定制版因为封闭，其安全性实际上并没得到专业人士理论上的证明和普通用户实际应用上的验证，一旦受到攻击，有很大概率会被攻破。那么，加密过程公开怎么保证安全呢？答案就是密钥，足够长的密钥保证了即使采用暴力破解所需的时间也将超过保密期，使得破解无利可图。当然，前提是你要保证密钥的安全。

上面提到的几种对称加密的优点是加密快、加密效率高，在需要对大量数据进行加密的场合特别适用。对称加密的缺点是密钥管理困难、加密安全性取决于密钥长度。如今，计算机运算能力的飞速发展迫使密钥不断变长，这又进一步增加了密钥管理的难度。

　　关于对称加密密钥管理的困难，我们先看一个例子：老公和老婆都有家门的钥匙，如果说门内是两人的各种秘密的话，钥匙就是破解秘密的密钥。有一天，老公在上班，老婆打来电话说她的钥匙不见了，现在正在家门口等着开门。公务缠身的老公有几种解决方案：回家给老婆开门；让老婆自己来拿钥匙；找人把钥匙送给老婆。假设，第一种方案老公无法抽身，第二种方案老婆不愿意，那就只有第三种方案了。于是老公打电话叫了同城快递，把钥匙交给他们，让快递送过去。问题解决了，但老公心里还是有点担心：万一钥匙没送到或者送错了，晚上回家会不会有"暴风雨"候着？另一个例子是，老婆在微信里问老公银行卡密码是多少，老公告诉了她，但心里很快就开始犯嘀咕了：这不会被黑客拿到把钱取走吧？——这些就是密钥分发过程中可能存在的不安全因素。

　　生活中，你常常会看到周边的一些人，身上总是挂着一大串钥匙，走起路来自带"重金属"风格——"职场重金属"。我嫌麻烦，通常只带两把钥匙，家里的、办公室的，其他要用的钥匙要么放家里，要么放办公室，用的时候再拿。也就是说，当你有很多秘密放在不同的门后面时，每扇门你都要配一把钥匙。当然，如果你嫌麻烦，不想保管太多的钥匙，你也可以给所有门装一样的锁，但必须承担钥匙被别人拿到后打开所有门的风险。钥匙越多，管理起来越困难，丢失的风险也越高。就好比你不小心丢了一把档案室的钥匙，除了要换锁，你还得给可以打开档案室的其他同事配新钥匙。

这就是对称加密密钥管理的问题：密钥传递过程不安全、有风险；和不同方传递信息时为保证安全需要采用不同密钥，密钥多了后又增加了密钥泄露带来的安全风险。

"他像愚公，但不同的是，他移动了群山"，"有善意的误解、无知的嘲讽，恶意的诽谤、热情的支持，都可以使得这个人扭曲、变形、砸烂或扩张放大"——这些是改革开放初期引起轰动的报告文学《哥德巴赫猜想》中的句子，主人公就是如雷贯耳的陈景润，一位数论学家。

图4.9　哥德巴赫猜想与陈景润

"他是北大数学系高才生；他获得美国普渡大学博士学位，却一度只能靠着送餐等零工维持生计；他年过半百，生活艰辛，心中仍装着数论的大问题……"——"他"就是大名鼎鼎的张益唐。2012年7月3日，张益唐在好友家做客时，突然萌生出一个研究思路，解决了困扰他很久的一个问题：素数间的有界距离。张益唐证明了"有无穷对素数对，相邻素数之间相距不超过7000万"，依照他的方法，全球的数学家很快将相邻素数之间的差缩小到不超过246。虽然离彻底解决孪生素数问题还早，但张益唐的工作被解析数论专家亨利·伊万尼克评价为"一个有历史性突破的工作"。和陈景润一样，张益唐也是一位数论学家，一位有着隐者和扫地僧气质的数学家。

图4.10　张益唐

数论，是研究整数之间关系的学问。小时候我们就知道2、4、6、8……这些数之间的关系，也玩过任意取4张牌，看谁最先根据4张牌计算出24的游戏。这只是我们对整数之间的关系的一些直观印象，但整数之间还有更复杂的关系。哥德巴赫猜想、孪生素数、梅森素数、费马大定理、黎曼猜想等都属于数论研究的领域。

德国数学家高斯曾经说过："数学是科学的皇后，而数论则是数学的皇后"。既然是皇后，数论显然是高冷而不可攀的。英国数学家哈代认为数论是"出污泥而不染"的，美籍俄裔科学家伽莫夫认为"迄今为止，数学还有一个大分支没有找到什么用途（除了智力体操的作用外）"……于是数论成了常人不太关注的领域。

随着组合数学、代数编码、信号的数字处理、数值计算、计算机科学、密码学的蓬勃发展，数论得到了更广泛的应用，尤其是在密码学中的应用，如公钥密码、椭圆曲线密码。此处我们只讲公钥密码。

讲公钥密码之前，我们先说说信息安全三原则：CIA。这不是与FBI（美国联邦调查局）齐名的某个机构，而是"Confidentiality""Integrity""Availability"三个单词的首字母缩写，分别翻译成机密性、完整性和可用性。机密性可以简单理解为信息要被加密传输，完整性指信息不能被篡改（前面讲区块链时就说过区块链是可以防篡改的），而可用性是指不能拒绝合法用户对信息的合法操作。

对称密钥能够满足机密性的要求，但不能满足完整性的要求。我们来思考下面这个例子：Alice和Bob利用信件互相发送各种甜言蜜语，为了防止被双方父母知道，他们的通信内容使用了DES加密。Eve在收发室上班，他有意破坏Alice和Bob之间的关系。不幸的是，Eve通过某种途径知道了Alice和Bob的密钥，而他们还浑然不知。于是Eve拦截了Alice和Bob的每一封信件，小心地打开信封，取出信件并替换成Eve伪造的信件（显然用他们的密钥加密了），然后再封好信封，假装什么也没发生。很快，Alice和Bob就产生了误解，于是Eve的阴谋得逞了。在这个例子中，一旦通信密钥泄露导致数据被篡改，通信的双方是没法知道接收到的数据是不是原始数据的，这就产生了完整性问题。

为了解决对称密钥中密钥分发和管理的难题，很多学者相继提出了多种算法：RSA算法、椭圆曲线加密算法、背包算法、EIGamal算法等，其中以RSA算法最为著名且应用最广泛。RSA

是该算法的发明者 Ron Rivest、Adi Shamir、Leonard Adleman 三人姓氏首字母的缩写。

图 4.11　RSA 三人组

我们先说说 RSA 算法中要用到的一个重要概念：质数（prime number）。质数又称素数，是指一个除了能被 1 和它本身整除外，不能被其他自然数整除的大于 1 的数，如 3、5、7、11、13、29 等，而 4、8、33、100、555 等都能分别被 1 和其本身以外的数（如 2、4、11、20、111 等）整除，所以不是质数。我们也知道哥德巴赫猜想和张益唐研究的孪生素数问题都与质数有关，但质数除了理论研究的价值，到底有什么应用价值呢？

RSA 算法就是利用了质数的性质，尤其是利用了质数分解难题。什么是质数分解难题？考虑一个数，比如 33，它由 3 × 11 得到，其中的 3 和 11 都是两个质数。再比如 851=23 × 37，23 和 37 也是两个质数。这看上去似乎没什么难度，但是，如同我们在对称加密中看到的那样，一旦数的位数上去了，计算的难度就会急剧上升，即便是计算机也无法在短时间内完成。

在 RSA 算法中，先要找到两个足够大的质数（越大越好，也越安全），然后把这两个数相乘。这个计算过程（正向计算）比已知这个乘积再逆向推出是哪两个质数相乘要简单得多。逆向过程就是质数分解问题，就是说我可以告诉你这个乘积，但你基本上不可能知道它是由哪两个质数相乘得到的，因为计算难度随位数的增加而呈指数级增加。就像把一张A4纸对折51次（如果可以对折这么多次的话），你能想象出它的厚度吗？大约是2.5亿千米！地球到太阳的距离也不过1.5亿千米！另有一个著名的例子：古印度的一位国王问发明国际象棋的臣子想要什么奖励，臣子说，只需在国际象棋的64个格子里依次放置一些麦子，第一格里放一粒麦子，第二格里放两粒麦子，第三格里放四粒麦子……后面的格子里都放比前一格多一倍的麦子。国王想，"年轻人，你真是太年轻了，放到第十个格子都才512粒麦子，64个格子能放多少呢？"。可是，国王很快就笑不出来了，因为麦子不够用了。第64格应该放多少粒麦子呢？2^{63}粒。如果把所有这些麦子平铺在地球的陆地上，应该有12.2米厚！所以，你永远不要低估指数级增长的威力，因为它远超你的生活经验！

在两个质数相乘后获得的乘积基础上进行一系列的计算，过程不太复杂也容易理解，但背后的原理不易解释清楚，此处略去。计算完后会产生两个数，连同初始的乘积一共三个数。乘积分别和这两个数一组，用来产生公钥和私钥。从名字上看，公钥似乎是公开的、公用的，私钥当然就是私人的、隐秘的。这好像有点不对劲，对称加密告诉我们要像保护生命一样保护密钥不被公开，怎么到RSA算法这儿就公开了呢？还有两个密钥，怎么用呢？

在RSA算法中，一个人拥有两个密钥，其中公钥公开，越公开越方便，可以用QQ、微信、登报、发传单等方式公开。公钥公开的目的就是让别人知道，人家不知道还没法相互传递加密信息呢。私钥是每个人自己保管的，越保密越好，和对称加密中的密钥一样，非常重要，绝不能示人。

在加解密时，RSA算法中的公钥主要用于加密信息，私钥主要用于解密信息。在身份鉴别时，私钥用来进行数字签名，公钥用来验证签名的真实性。我们先看看怎样利用公钥加解密吧。假设Alice和Bob通信，过程如下：

①Alice用Bob公开的公钥加密信息；

②Alice把加密后的信息发给Bob；

③Bob接收到Alice的信息，用自己的私钥解密。

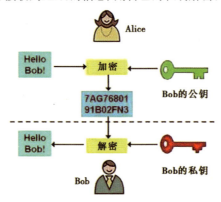

图 4.12　Alice 和 Bob 的通信过程

这个过程中，Alice用Bob（不是她自己的，是用接收方的）的公钥加密信息，Bob用自己的私钥解密信息。反过来也类似，Bob要发信息给Alice，就必须用Alice的公钥加密信息。然后Alice用自己的私钥解密信息，加密和解密的密钥是分开的。

当Alice要和其他人通信时，她只需要找到其他人的公钥即可，无论和多少人通信，Alice都只需要保证自己的私钥不暴露即可。这和对称加密中每增加一个不同的通信方就必须妥善保存与之相关的密钥不同, Alice保存密钥的难度大大降低了。即使Alice更换了密钥, 她也只需要重新公开她的公钥, 而不用一个一个地去告诉每一个可能的通信方。

这就是RSA算法的优点: 密钥管理和分发方便, 安全性高。但它也有弱点: 加密速度太慢, 大约是公钥密码的千分之一, 对需要进行大量数据加密的场合不太适用。所以, 在大量数据加密的场合, 比如Alice要发一封长长的情书给Bob, 基本过程如下:

①Alice生成此次通信的临时会话密钥 (通信完后就失效了), 用会话密钥加密情书;

②Alice用Bob的公钥加密会话密钥;

③Alice将加密情书和会话密钥 (装在数字信封中) 发给Bob;

④Bob收到Alice发过来的加密情书和数字信封后, 用自己的私钥解密数字信封中加密的会话密钥;

⑤Bob用会话密钥解密Alice的情书。

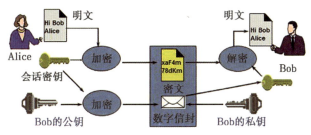

图4.13　Alice 和 Bob 的实际通信过程

在上面的实际通信过程中, 情书的加密和解密都是用Alice临时生成的会话密钥——这是对称加密和解密, 只有在传递和解密会话密钥时才用Bob的公钥和私钥。这样既保证了加解密速度,又保证了加解密过程的安全。

　　我们再看看如果 Eve 在中间捣乱会怎么样：假设 Eve 截获了 Alice 发给 Bob 的情书和对称密钥，他很兴奋，觉得又可以捣乱了，可是他没有 Bob 的私钥，解不开 Alice 发的对称密钥，也就解不开这封长长的情书了。（实际上，Eve 也可以在不知道双方私钥的情况下攻击成功，此处不详细说明。）

还记得前面提到过的哈希算法吗？在比特币和区块链里，每次交易都会通过哈希计算生成一个哈希值，这个哈希值可以看作交易详细信息的摘要，Merkle根只需要保存摘要信息就可以了。这样做的好处在于既减少了需要保存的数据量，又可以利用哈希函数对输入变化的敏感实现防篡改，即可以鉴别当前数据是不是原始数据。

哈希函数的特性包括输出固定、单向性、抗冲突、信息隐藏、谜题友好等，我们一一来解释。

一、输出固定

无论输入数据是多少——可以是一个字，也可以是一张图片，还可以是一段视频，通过哈希函数计算后，其结果都将是固定值。比如常见的哈希函数SHA-256，其输出长度就是256比特。大于256比特的数据变成短数据，体现了摘要的概念，也容易理解，但是1比特的数据又怎么变成256比特的数据呢？这不是摘要，是扩写啊！具体的计算过程此处不详细说明，总之，哈希函数的作用就是不管输入数据是多大，输出数据的长度都是固定的，这样做显然让人没法猜测输入数据的大小，有一定的安全性。当然其安全性还要由其他特性保证。

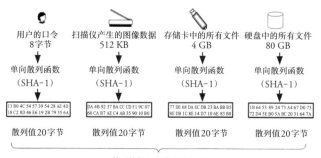

用户的口令 8字节	扫描仪产生的图像数据 512 KB	存储卡中的所有文件 4 GB	硬盘中的所有文件 80 GB
单向散列函数 （SHA-1）	单向散列函数 （SHA-1）	单向散列函数 （SHA-1）	单向散列函数 （SHA-1）
13 B0 4C 54 57 39 54 28 AE 4D 18 C2 8D 46 E6 19 2B 79 35 6A	DA 4B 92 37 BA CC CD F1 9C 07 60 CA B7 AE C4 AB 35 90 10 B0	77 DE 68 DA EC DB 23 BA BB B5 8E DB 1C 8E 14 D7 10 6E 83 B8	1B 64 53 89 24 73 A4 67 D0 73 72 D4 5E B0 5A BC 20 31 64 7A
散列值20字节	散列值20字节	散列值20字节	散列值20字节

散列值的长度总是固定的

图4.14 不同输入有完全相同的散列值长度

二、单向性

单向性是哈希函数很重要的一个特性，是指如果你只有哈希值，你是无法知道它的输入结果的，也就是说你没法逆向。当iPhone上市后，没多久你就可以买到很多类似的产品，iPhone被成功地逆向了，当然我们叫它"山寨"，这显然不利于知识产权保护。单向性的一个例子是你可以容易地把一个茶杯打碎，得到一堆碎片，但给你一堆碎片你却无法复原成一个茶杯，或者给你一杯苹果汁，你没法还原成一个苹果。

三、抗冲突

抗冲突是指两个不同的输入数据是无法得到一样的哈希值的，你哪怕只改变了1比特的输入数据，得到的哈希值都是完全不同的，并且修改前后的两个值没有任何规律可言。以本书为例，如果第二版时我们增加了一个章节，又对其他章节做了一些小的修改，你会感觉这两个版本的摘要看上去大同小异。但是对哈希函数来说，哪怕第二版只加了一个标点符号，产生的哈希值也会截然不同，并且毫无规律可言。

抗冲突可以用来检测原始数据是否受到篡改，因为只要有篡改，哈希值就会完全不同，这就很容易鉴别。比如Eve向Alice借10万块钱，Eve写了一个电子版借条文件传给Alice，并说我们都保留一份文件，这样就不怕不承认了。出于对Eve的信任，Alice接受了这种方式，然后把钱借给了Eve。到了还款日，Eve却否认借了Alice的10万块钱，说只借了1万块钱，并向Alice展示了他修改后的借条，而且还栽赃Alice修改了借条，Alice有苦难言。但如果Alice在一开始就对收到的借条文件做一次哈希计算的话，她就得到了原借条的哈希值，然后再对Eve提供的修改版借条文件做一次哈希计算，虽然Eve只是在修改版文件中去掉了一个0，但前后两个文件的哈希值也完全不同，因此Alice就有证据证明Eve篡改了借条。由于抗冲突性，Eve无法通过精心修改来篡改原始文件以获得相同的哈希值。

四、信息隐藏

信息隐藏是指给你哈希值，你也无法倒推出原始输入数据。这看上去和单向性很相似，但信息隐藏的含义是哈希值是散列的，也就是说是没有任何规律的，你根本没法通过分析结果来得到原始输入数据。这一点很重要，不然的话，黑客就可以通过分析不同哈希值之间的规律，来猜测输入数据。比如，黑客手上有一堆银行转账交易的哈希值，如果哈希值有规律的话，黑客很可能就会猜出原始数据，从而伪造转账交易，这和通过分析加密后的内容猜测原始信息很类似。

五、谜题友好

谜题友好是指给你哈希值，你若想得到原始输入数据，那么没有比一个一个输入数据再比较哈希值是否和给定的哈希值相同更好的办法了。也就是说，你只能通过暴力计算得到原始输入数据，这也是比特币系统采用的方式。比特币系统给出一个难度值，要求你找到一个原始值，这个值的哈希计算结果小于目标值。由于没有更好的办法，你只能先设原始值为0，然后计算其哈希值是否满足要求，不满足再加1计算……直到满足要求（当然，也可以不是按升序的方式）。这就是"挖矿"很困难，需要计算能力强的计算机才行的原因——只能采用挨个尝试的方式，无捷径可走。

　　正是由于哈希函数有以上这些特性，所以它才可以用来鉴别数据是否被篡改。在鉴别的时候，只需要比较很少的而不是全部的原始数据（绝大部分情况输入数据位数会多于哈希值位数）——有助于减少鉴别时间——因为黑客没法通过结果来伪造原始数据，也没法通过精心地修改原始数据来保证哈希值完全相同。此外，即使知道了哈希值，要推算出原始数据也非常耗费时间和资源，你可能因此而完全没有收益可言。

第五节 _____ 认　证

　　有一天，我接到一个电话："你好！我们是公安局的，我们抓获了一个毒贩，发现对方有你的信用卡，在武汉消费过，我们需要核实你的信息。""毒贩！我可不认识什么毒贩！"我大义凛然地说。"是的，我们也知道你不会贩毒，但你的信用卡可能被盗刷。现在有位张警官在这里，他和你说话。"于是一位自称是张警官的人给我讲了抓到毒贩和发现信用卡被盗刷的过程，要我配合调查。一切都像真的，我频频点头。在对方准备拿笔记录我的信息的时候，我说："我能知道你的警官证号码吗？"对方稍微一愣，很快反应过来："你警惕性高这很好，如果你要查的话，请带身份证到公安局来。"

　　这就是需要身份认证的一个案例，在电话中我们总是没法很好地验证对方的身份。事实上，我们在网上也不太容易验证对方的身份，否则就不会发生那么多通过QQ、微信骗人钱财的事情了。

　　对称加密存在的问题是双方在通信之前需要协商和交换共用的密钥，这个过程容易导致密钥泄露，攻击者就可以在中间伪造信息，而通信双方不会立即察觉。我们来思考这个例子：Eve偷取了Alice和Bob用来通信的共用的密钥，假装Bob向Alice借钱，

Alice愉快地答应了。Eve向Alice发送了一个用他俩的共用密钥加密的借条文件。因为Alice可以解开这个文件，所以她认为就是Bob加的密，于是Alice把钱借给了"Bob"，Eve成功地骗到了钱。某天，Alice和Bob聊天时无意间说起此事，Bob大吃一惊，说自己没向Alice借过钱啊。Alice伤心极了，认为Bob骗取了她的钱财，Bob这下真是百口难辩了。

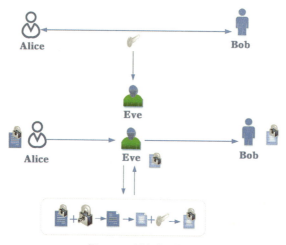

图 4.15 对称加密下的攻击

看来对称密码靠不住，换公钥密码试试吧。公钥密码与对称加密相比，优点在于不需要协商和交换密钥。Alice和Bob的公钥是公开的，但私钥是各自细心保存的。Eve即使知道了他们的公钥也没办法，因为他没有双方的私钥是解不开加密信息的。在上面的例子中，Bob如果要向Alice借钱，就得先用自己的私钥加密借条信息，然后发送给Alice；Alice再用Bob的公钥解密，如果真是Bob写的，就能用他的公钥解开，否则就解不开。如果Eve想要伪装成Bob，他只能用自己的私钥加密借条（除非他知道Bob的私钥），这样Alice用Bob的公钥是没法解密的，于是就可以知道借条不是Bob写的。

　　就像我们要在文件末尾签上自己名字并盖上印章以保证文件的出处和真实性一样，利用数字签名技术可以实现同样的功能。它的好处还在于，因为签名者的公钥是公开的，所以任何人都可以验证签名者的真实性。这和公钥加密的目的相反，后者需要保证信息只能被指定接收者解密。数字签名技术可以对完整的信息签名，也可以只对信息摘要（即信息的哈希值）签名。

　　虽然对称密钥也能完成身份认证，但和公钥密码相比，存在一些问题：拥有同一个对称密码的可能是两个或者多个通信方，利用该密码加密信息是无法认证到底是谁操作的。对验证方来说，只有知道通信方的密码才能完成身份认证，这就造成了对称密码的泄露，而公钥密码就不存在这个问题。

　　现实生活中存在伪造签名和印章的情况，那么数字签名是不是也存在这个问题呢？签名和印章容易被伪造是因为肉眼无法完全分辨真假，但数字签名就没法伪造了，因为你不知道对方的私钥。如果是你伪造的数字签名，那么用对方的公钥是没法解密的，于是就说明这不是对方的签名——立马露馅！

　　如果有黑客把对方的数字签名拷贝下来，留着以后用行不行呢？就像有人偷偷地在很多空白纸上盖上公章，留待以后再在空白处写上文字一样。这就体现出数字签名的优点了，数字签名要么是对完整信息进行加密，要么是对完整信息的哈希值进行加密，所以签名实际上是和需要签名的信息一一对应的。黑客拷贝得到的签名和后面伪造的信息之间毫无关联。

　　数字签名的好处还在于它可以和需要签名的数据分离，这就相当于我打印了一个"我妈是我妈"的证明，然后把派出所的章盖在了另一张白纸上。这在现实生活中不可能是有效证明，你买房的时候合同上要么盖了骑缝章，要么在侧面再盖一个章，在单独一张白纸上盖章怎么证明章和文字之间的关系呢？现实生活中的印章上除了单位和部门名称外，是不可能有其他信息的，所以必须把章和需要盖章的内容物理上放在一块儿。数字签名和数据分离后，拿到单独的签名就和上面说的那样，是没法用于其他用途的。

现实生活中，在很多合同末尾会有"本页以下无正文"的字样，这便是为了防止有人在后面的空白部分增加不属于合同的其他内容。此外，在合同中有涂改痕迹，一般也会被认为无效。通常我们会在修改处签名或者盖章以确认修改的有效性。这个问题用数字签名就很容易避免，因为一旦信息做了修改，前后的数字签名就会不同，修改就能很容易地被识破。

我看过一部外国电影，大致内容是恐怖分子绑架了总统的女儿，威胁总统签署一份转账文件，总统迫于无奈签署了该文件。此时，总统收到了女儿被成功解救的消息，于是总统拿起面前已经签字盖章的文件，将其撕成两半。在现实生活中，签字盖章的文件被撕毁后，因为现有技术无法完全复原，所以该文件无效。但在计算机中，数字签名和原始数据可能有多份，你不能仅仅把自己计算机上的文件删掉就宣称该签名和数据无效。实际的处理过程相对复杂，其中一种办法是将该数字签名用到的公钥作废，重新产生一个新的公钥。这也说明了数字签名具有"一诺千金"的作用。

总的来说，数字签名是一种针对具体信息的加密方式，用来确认信息发送者的身份或者信息的用途，一个数字签名只对应一个具体的信息，无法挪作他用。这有点类似于你到银行去开卡，银行工作人员会负责任地在你的身份证复印件上盖上"开卡专用，复印无效"的章，这样即便别人拿了你的身份证复印件也没用。

比特币和区块链在进行交易时，会利用上述密码技术来实现隐私保护、数据防篡改和交易方确认，以确保整个系统的交易安全。比特币和区块链上的每个用户，都可以通过自己的私钥经过一连串变换来产生账户地址，使得通过账户地址无法推测出账户拥有者的信息，保证了交易的隐私安全。比特币和区块链的一大优点就是数据防篡改，它通过上面讲到的哈希算法来实现，这就使交易方不能对交易结果反悔和伪造交易信息，保证了交易秩序。利用公钥密码体系，能够确保比特币和区块链上的交易双方能够验证对方的信息，确保交易发起方和接收方的真实有效，保证交易的安全。

第五章

远近高低各不同：区块链如何求同存异

非洲草原是动物的天堂，各种动物群落在那里演绎"物竞天择，适者生存"的生命故事。这也可以看作一个典型的分布式系统，各个动物作为独立的主体，绝大多数情况下有着自己的思想和行为，自己玩自己的。有时它们也非常"理性"，表现出群体意志，比如协同捕猎；有时，它们又非常自我，比如为了食物而相互争斗。

争夺食物是为了个体能够生存下去，当然也就延续了整个种群，这需要在乱糟糟的一群动物间很快地达成一致、形成共识——谁先吃，谁后吃？不同类型的动物有不同的解决方法：对于家养的猪、狗、鸡、鸭来说，谁先抢到谁先吃，看谁的力气大、运气好；非洲狮比较讲规矩，雄狮先吃，然后才是雌狮吃；对于非洲野狗，它们比较友爱，如果小狗在场，小狗先吃，然后自己再吃，如果小狗不在，成年野狗会先吃饱，然后跑到家中把肉吐出来，喂给小狗、看护小狗的野狗以及病弱野狗吃。

在一群欧亚红鹿休息时，如果60％以上的红鹿没有休息好，红鹿群就会继续休息而不会集体前进。在未达成一致的时候，欧亚红鹿采用少数服从多数的方式来解决问题，而不仅仅依靠领头鹿。

非洲野水牛在决定集体行动时，会采用一种看似无含义的行为来表达自己的意见。雌性水牛通过站立、注视一个方向、躺下来等行为表示它们的旅行偏好。演化生物学家戴维·斯隆·威尔逊认为："只有成年雌性水牛才会'投票'，而雌性水牛的参与程度与它们在族群中的社会地位无关。"

狒狒在决定移动方向时，起始阶段会有一只或少数几只普通的狒狒离开群体向某一个方向走，这相当于一个提议。如果其他的狒狒同意，它们就会跟上。当跟上的狒狒达到一定数量时就相当于提议通过了，整个群体就会向这个方向移动。如果跟上的狒狒太少，则相当于提议被否决。

图 5.1　欧亚红鹿、非洲野水牛和狒狒

　　由此可见，能够迅速在分布式系统中就某个事项达成一致、形成共识，是分布式系统能够存在并发挥作用的重要基础。本章将就区块链涉及的分布式系统、一致性、共识机制等进行深入讲解。

要讲分布式系统，我们需要先讲讲集中式系统。

无论是英国人发明的Bombe，还是美国人发明的ENIAC，其基本外观都是在一个大房子里摆满了大大小小的铁皮柜子，有几台打字机模样的东西摆在桌上，操作人员在桌前噼里啪啦地敲着键盘。

这就是集中式计算机，采用集中式系统的设计理念，特点是所有计算能力都在一台主机上，用户通过连接主机的终端进行操作。这和我们用台式计算机、笔记本电脑差不多，只是台式计算机、笔记本电脑基本上同时只能供一个人用，而集中式系统可以多人同时使用。这看上去和互联网类似，但两者有着本质上的不同。

现实生活中，我们能够接触到集中式系统的场合不多，但我们也可能对与我们生活息息相关的两个场所——商场和银行熟视无睹。在商场买了东西后肯定需要付款，你一定注意过收银台上的两样东西：计算机和POS机。事实上，那并不是一台真正的计算机，不要以为它有显示器就一定是计算机，那只是一台终端。如果你注意观察的话，你会发现有些商场的"计算机"显示器只能显示两三种颜色，比如黑白灰、绿白。大多数情况下，你只会看到显示器和键盘，看不到主机——有的商场也曾用过一体机，早期是

Compaq的一款机器，高级点的用iMac，大多数商场用终端——所有数据会通过网络传到主机那里，收款、下账、盘点等功能都在主机上进行，终端和键盘只是显示操作界面和输入数据。而POS机只不过是另一种数据输入工具而已。

再看看银行，你一般不会看到柜员的显示器上显示了什么，毕竟银行要保证安全，但你一定用过ATM机，通过ATM机存款、取款。事实上，除了钱是放在ATM机里面的，其他的数据都是通过ATM机连接到主机上的，所以ATM机也只是个数据（当然还包括钱）的输入和输出设备。

集中式系统的优点在于，所有数据和计算都放在主机上，管理和维护比较方便，比如你要升级系统只需要在主机上升级就可以了。此外，主机都放在相对安全的地方，对病毒和黑客的防范也相对容易。但由于数据存放和计算都放在主机上，因此主机负担较重，且数据如果不经常备份的话也容易丢失——这也是集中式系统的主要缺点。此外，集中式系统的扩展也比较麻烦，会受到主机性能的限制。商场和银行还采用集中式系统主要是考虑到成熟系统的稳定性，毕竟把运行了多年的系统换成新系统是有很大风险的，特别是银行的各种系统，安全是首要的，相比之下，性能和效率上的低下可以接受。

分布式系统（distributed system）是计算机性能发展到一定程度的产物。在分布式系统中，多台计算机通过网络（不一定是互联网）连成一个物理上分散、逻辑上统一的大系统，每台计算机可以称为分布式系统的一个节点。每个节点都有自己的计算和存储能力，这就不像集中式系统那样完全依赖主机了，虽然分布式系统也有服务器，但各个节点理论上都是相同和平等的。

和名字的含义正好相反，集中式系统强调主机功能的强大，更多地可看作"个人主义"，而分布式系统则强调所有节点的合力，更多的是"集体主义"。正所谓"众人拾柴火焰高""众人划桨开大船"，分布式系统走的正是"相信群众，依靠群众"的路线。

　　分布式系统的优势在于：可靠性高、负载均衡、可扩展性好。可靠性高是因为每个节点都有自己的处理和存储能力，虽然处理能力没有集中式主机那么强大，也不大可能存储整个分布式系统的所有数据，但总比主机宕机了什么也做不了强。可靠性高同时也意味着整个系统安全性和生存性好，不会被黑客一锅端。

　　负载均衡是因为每个节点都有处理和存储能力，不会一窝蜂地向服务器提出计算要求和访问数据请求，这大大减轻了服务器的负担。同时，服务器也可以按需将一些计算和存储分散到不同的节点上，就像上级要把工作分派给下级去完成一样。负载均衡意味着整个系统的效率会提升，毕竟大家都在并行工作。

　　分布式系统中的每个节点可以安装所需的软件系统，配置不同硬件，适合完成不同任务，个性化更强，可扩展性好。集中式系统受限于主机的功能和架构，要扩展不同业务相对不那么容易。

　　区块链是典型的分布式系统，甚至比上面说的分布式系统更为分散，它连明显的服务器都没有。虽然区块链的各个节点松散耦合，各自为政，但它们为了同一个目标而被凝聚成一个整体，要么"挖矿"，要么转账交易，繁忙而不混乱。

相对于集中式系统，分布式系统存在着一致性的问题。什么是一致性？先看几个例子。

一年中总有那么一天，全国人民调好闹钟，充好电，找到4G信号强的地方，全神贯注、心无旁骛地坐等零点的钟声——这不是过年时的辞旧迎新，他们是在等待一个"节日"——"剁手节"。这不是一个宗教节日，也不是某个少数民族节日，它的正式名称叫"双11"，民间又称"光棍节"，一个由电商生造的购物狂欢节。尝到销售收入大增甜头的商家又陆续推出了"618""双12"。零点秒杀的钟声敲响了，大家铆足劲开始抢购商品，但是总有人沮丧地发现刚刚显示有货怎么一下单就没了。当这种情况经常出现的时候，大家难免会想：这是不是奸商在捣鬼吸引眼球赚流量，因为我们对这种在线购物系统的要求就是"所见即所得"，看见有货就应该真的有货。

银行联网的好处就是你可以跨行、异地取款，只要有ATM机就可以。取款的时候，ATM机会通过所属银行向你的开户银行发出账户数据请求，用来核实账户资金是否足够，也会把取款后账户的余额信息返回开户银行。如果由于网络故障，你取款后的余额信息并没有返回原银行，那么你的实际账户余额和银行数据库中的值就会不一致。当然，现实生活中，银行的分布式系统和数据库能保证这种情况几乎不会出现，即使出现也会在当天晚些时候发现。

单位经常有一些评审工作：评奖、评职称、评审应聘者。最公平的方式是组织一个评审委员会，由委员们通过开会讨论后再投票的方式来决定评审结果。评审会不能无限制地开下去（在有些西方国家，议员们可能因为要阻止某个议案付诸表决，会采取超长演讲的方式，比如美国参议员克鲁兹曾发表过长达21小时19分钟的冗长演说，全力抵制奥巴马的医保预算议案），必须在规定的有限时间内达成一致——要么同意，要么反对。于是我们会制定议事规则：要么全体同意，要么2/3或者1/2以上委员同意即可。这样会在短时间内就某个议题达成一致。有时候情况紧急，没时间召开会议，可以采用通信投票。但这种方式（这是一个典型的分布式系统）存在问题：有的委员可能没有收到投票信息，也有可能暂时没时间投票，于是就没法在规定时间内达成一致，完成评审。

在这些例子中，我们对分布式系统的一致性有了初步的印象。那么什么是一致性呢？我们分析一下上面的例子：前面两个例子中同一个数据在分布式系统节点和服务器上没有实时同步，第一个例子可能是用户没有刷新网页造成的，第二个例子则可能是通信线路故障造成的。第三个例子中可能会因为委员之间未能达成共识使得工作不能正常完成。不一致性可简单理解为分布式系统在某个状态上未能达成一致，比如同一个数据在两个地方表现为不同的值。或者像第三个例子那样没能在规定的时间内使某种状态统一，比如对某个人的评审是通过还是不通过尚无定论。

不一致的系统处于不确定的状态,整个系统就没法继续运行下去,强制运行下去只会带来更大的不确定性或者错误。

分布式系统的不一致性与其本身的特性有关:节点之间的通信线路可能有故障;节点本身可能有故障导致不能正常工作;节点的运行速度不一样,有的快有的慢,导致运算结果出现的时间不一致。对于理想的分布式系统,我们当然希望它具有如下特性:所有节点都能在同一时间看到系统处于同一状态;能在规定时间内响应用户的请求,而不应使用户处于无限等待中;部分网络或节点的故障不会导致整个分布式系统失效。

显然,要想分布式系统同时具备上面提到的三个特性是不可能的,我们往往只能根据实际需要弱化其中的部分特性,以满足我们需要的特性。比如,为了满足委员会在规定时间内返回评审结果的要求,我们就只能忽略掉那些老是没有返回的评委意见,按规则视为反对或弃权,从而在规定时间内达成一致的评审结果。

区块链架构于P2P网络上,是典型的分布式系统,节点众多且在不同类型的区块链中节点行为不可预测,此外还有出现节点和网络故障的可能。只有在短时间内达成共识,才能保证区块链系统的一致性。

　　从上面的解释可以知道，所谓的共识就是大家能够在规定时间内就某个议题达成一致。现实生活中有很多这样的例子：比如联合国开会讨论要不要向利比亚派出维和部队，公司上层开会讨论要不要给员工加薪。在这些例子中，共识相对容易达成，毕竟大家面对面坐在一起沟通，通过讨论、投票等方式就可以完成。但如果参与方分散在不同地方，共识就不容易达成。比如，多年前，我在英国，朋友在德国，再加上国内的同事，大家通过QQ开语音会议，讨论一个项目方案。由于糟糕的网络，断断续续的通话让大家听了上句不知道下句，索然无味地结束了会议，未能达成任何共识，项目方案处于一个不确定的状态。

　　再看一个经典例子——两军问题。一支敌军被堵住了左右的去路。经过一段时间的准备后，左右两边的军队决定同时从两边发起对敌军的最后一击。很显然，时间同步是至关重要的，但在没有无线电通信技术的年代，左右两军只能通过相互派出通信员来约定进攻时间。比如，左边军队向右边军队派出通信员，在通信员没有返回之前，它是不能贸然发起攻击的。类似的，右边军队在能确认通信员已经回到左边之前也不敢贸然行动，因为它也不能确定通信员是否安全地将信息带回去了，万一他中途被敌人抓住了呢。万幸的是，通信员平安回到了左边，但左边仍然不能发起攻击，因为它不知道右边知不知道它已经知道了右边知道了攻击时间，右边也确实不知道左边已经知道了右边已经知道了攻击时间。于是，左边得再次派出通信员以确认右边的状况。通信员平安到达了右边，于是右边知道了左边已经知道右边知道了攻击时间，然后右边再让通信员回去。这个时候右边又要纠结了，因为它不知道左边知不知道它已经知道了左边已经知道右边知道了攻击时间……就这样，双方僵持住了。我们可以证明左右两军实际上没法达成共识，这还没考虑通信员可能被抓住从而导致情报无法送达对方或者通信员叛变送了假情报的情况。

再看一个复杂的经典例子——拜占庭将军问题。常年征战让拜占庭帝国的将军们积累了高超的战术。拜占庭将军问题可以描述为：拜占庭帝国的十路大军将敌人围困了起来（似乎拜占庭将军们没有想到使用"四面楚歌"的攻心战法），十位将军需要约定总攻时间，于是相互派出信使。这看上去和两军问题类似，但复杂得多。首先是参与方增加了，复杂程度会呈指数级增加。其次是有的将军可能会和敌人眉来眼去、暗中勾结，然后在共识过程中捣蛋，传递假情报。再就是信使有可能没能成功地将情报送到。而要想获胜，只有绝大多数拜占庭将军共同行动才行，少数几支军队的行动将会被强大的敌人各个击破。那么问题就来了：如果要想让拜占庭的十路大军达成共识，叛变或失联的将军数量不能超过多少才能保证大家就共同进攻的时间达成共识？

计算机科学家将拜占庭将军问题看作分布式系统的经典案例，并对此作了大量研究，结果表明只要叛变或失联的将军数量少于总数的1/3，整个系统就能达成共识，也就具有了容错的能力。

在两军问题中，左右双方隔着敌人"开会"讨论统一的进攻时间，这一过程中主要考虑信使是否及时传递了双方的意见；而在拜占庭将军问题中，十位将军隔着敌人"开会"讨论同一话题，这一过程除了考虑通信外，还需要考虑收到的信息是不是有诈。但无论是哪种场景，我们都可以将其看作大家必须就某个话题达成共识，最后产生一致的结果。

第四节 _____ 共识算法

　　共识算法是共识机制在区块链中的具体表现，不同算法代表了不同的共识策略。在区块链里，共识算法的作用是通过一定的策略找到合适的节点，赋予该节点记账权，然后给予其奖励或报酬。就像现实生活中有不同的选举议事方式一样，共识算法的类型也很多，应用于不同领域的区块链应该选择与之相应的共识算法。

　　我们可以大致将共识算法分为证明型、代理型、选举型、随机型、混合型，以及将传统的分布式系统一致性算法修改后作为共识算法使用。共识算法的种类众多（大约有30种），此处只选择一些常见的算法进行说明。

　　（1）PoW

　　比特币采用的就是PoW算法，PoW的主要特点就是要通过大量计算才能获得优胜，取得记账权。PoW的运行机制要求你拼命地进行哈希计算，没有投机取巧的可能，因为算法的设计保证了只有通过大量计算才有可能获得记账权。

　　PoW的优点包括完全非中心化、共识过程公平、安全性高。完全非中心化是指PoW机制中不需要一个节点来发号施令指挥大家共识，机制的设计让大家自动具有很高的积极性和自律性，共识过程节点可以随意加入和离开而不影响共识结果。共识过程公平是指在获得优胜的机会面前"人人平等",没有预先设定,完全取决于你的计算能力。安全性高是指要破坏PoW机制使它不能达成共识,通常情况下破坏者需要掌握至少51%的计算能力,这比拜占庭将军问题中破坏者不能超过总数的1/3困难得多。

PoW的缺点主要在于资源浪费、效率较低和事实上的中心化。资源浪费无须多言,有土豪老板就曾尝试自建水电站发电"挖矿"。比特币中的PoW只能做到每秒交易6次左右,效率较低,根本不适合商用,尤其是"剁手节"那天。极具讽刺意味的是,随着"挖矿"需要的计算能力越来越高,"挖矿"者需要投入更多的资源,使得普通人已经玩不起"挖矿"了,"挖矿"能力逐渐集中到少数几个具有超级计算能力的"矿场",PoW宣称的完全去中心化慢慢变成了事实上的中心。生活中类似的例子是网约车。网约车的本意是打破出租车公司作为中心对出租车资源的垄断,但当所有人都通过手机软件约车后,原来多个出租车公司的多中心变成了少数几个网约车公司构成的小中心,如果网约车公司将出租车公司挤垮后,几个网约车公司又通过并购合并成一家的话,新的、唯一的中心就产生了!

（2）PoS

另一个应用广泛的共识算法是"权益证明"（PoS）。PoS和现实生活中的很多场景类似:你拥有的股份越多,你在公司的话语权就越大;你在银行的存款越多,你能享受到的VIP服务也越多……

PoS的优点在于:不需要耗能巨大的"挖矿"过程;共识时间短;有较好的防攻击能力。PoW需要通过"挖矿"的方式来确定优胜者;PoS只需要选择具有最大币龄的节点,由它完成记账,记账完成后将其币龄清零。每清零365币天，系统会给予其一定的补偿——可将其看作利息。当然，选中的节点完全有可能拒绝行使记账权利，此时系统需要选择另一个节点来代替它。由于记账节点需要清空自己的币龄，所以它不会作恶，谁会和自己的币过不去呢？对于攻击者来说，必须累积到足够的币龄才能发起攻击，而一旦破坏了整个系统，攻击者就可能会拿不到利息，从而使攻击变得毫无意义。

PoS也有缺点：可能会与非中心化的意愿背道而驰，造成事实上的中心化。PoS中拥有越多币的人，其币龄也越大，越有可能获得记账权，其可能获得的利息也就越多。每次记账完成后，清除的是币龄而不是币数，所以其币龄又可以很快地增长起来。这有点类似于在牛市中捂股，一直持有股票看着它天天上涨。PoS甚至比牛市还牛，只上涨不下跌，因为每过一天币龄就会自动增长，这是一个单边上涨的市场。所以，PoS机制也会潜在地鼓励大家屯币，因为可以产生利息，这就降低了区块链的交易活跃程度。

对PoS机制的改进是将币龄随时间的线性增长变成币龄的增长随时间的增长逐渐减缓，甚至不再增长。这样持币时间越长，币龄增长到一个数后就不再增长，甚至有可能负增长，这类似于美国和日本某段时间宣布存款利率为负，它们都不鼓励大家长期屯币。

（3）DPoS

DPoS机制可描述为所有节点通过选举的方式产生若干代表，这些代表相互之间是平等的，由谁来记账可能是随机的，也可能是按照系统产生的某种顺序。轮到某个节点记账时，它必须尽职尽责地在规定时间内完成工作，否则记账权会转移给下一个记账者。对于不能很好履行职责的代表，选举它的节点同样也可以通过投票罢免它，同时选举新的代表，这就有了监督机制。

DPoS的优点：能耗低，非中心化和共识效率高。没有PoW中的无数节点参与高耗能的"挖矿"，DPoS中采用的选举方式使得真正干活的节点很少，从而更节能。同时，选举代表时考虑的并不是某节点拥有的算力高低或者币龄长短，而是其信誉高低，这样就不会出现PoW中记账权向算力高的节点集中的问题，也不会出现PoS中越富有越有权的问题，中心化程度较低。此外，由于共识是在少数节点中完成的，达成共识的时间会更短，效率会更高，毕竟PoW和PoS都需要全网节点参与。这就好比普选制效率和效果比代表大会制要差一样。

DPoS的缺点：主要是投票过程相对耗时，投票意愿不高，改选困难。因为没有明显的激励机制，很多节点可能并没有兴趣参与选举投票，所以投票过程可能会很长，或者达不到法定的票数，选出的代表也并不能真正代表节点们的意愿。从某个角度来看，这种方式可能会带来某种中心化，即权力集中到有限的节点上，而其他节点的投票动力又不足。

上述共识算法适合公有链和联盟链场合，因为在这些链中，节点之间的信任度较低甚至完全没有，比如比特币作为公有链的典型应用就是完全开放的，节点可以任意进出，相互之间毫无信任可言。这种情况下，使用加密数字货币作为激励机制才能保证节点有足够的积极性参与到共识过程中来。但是有了货币就存在贪心，所以共识过程需要考虑抗攻击性，还要保证共识过程的公平。

在另外一些相对安全和封闭的场合，比如私有链中，由于进入门槛较高，大家又都是为了一个共同的目的走到一起，因此各个节点之间的信任度高、责任感强、参与度高。此时就可以不采用加密货币系统作为激励机制，而主要考虑共识的效率要高，因此在传统分布式系统中保证一致性算法的基础上进行改进就成了首选。

（4）RAFT

DPoS虽然包含有选举机制在里面，但它的本质还是代理型的。纯粹的选举型是基于PAXoS共识算法的RAFT算法。完整的RAFT共识算法相对复杂，此处简单描述它的基本工作过程。

系统中的所有节点都有三种状态，或者说三种身份：跟随者、候选人和头领，这三种状态（身份）可以相互转换。初始情况下，所有节点都是跟随者，如果发现系统中不存在头领，就马上将身份变为候选人参与竞选。所有节点通过投票的方式选出票数最高者为头领，头领起着区块链中记账并指挥其他节点同步保持数据一致性的作用。头领节点会不断向其他节点发送消息以表明其工作正常，其他节点一旦发现头领节点出故障就会重新开始新的选举，选出新的头领接替其工作。

（5）PBFT

PBFT又称为拜占庭容错算法，主要用在有可能存在故障节点的区块链中，以确保各个节点对某个议题达成共识。共识过程分为三个阶段：预准备（pre-prepare）、准备（prepare）和确认（commit）。假设Alice为发起共识者，Bob、Carol、Dave和Eve为参与节点，很不幸Eve由于某种原因没能参与这一过程。共识过程分以下几个步骤：

①Alice发起共识请求，她选择了先发给Bob；

图5.2　PBFT工作示意（一）

②Bob把Alice的请求分发给Carol、Dave和Eve；

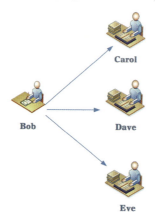

图5.3　PBFT工作示意（二）

③Carol、Dave和Eve相互又分别发送Alice的请求以确认请求的有效性；

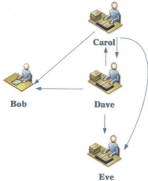

图5.4　PBFT工作示意（三）

④Bob、Carol、Dave收到了多个相同的请求, 数量超过了有效数量, 为了确认这是有效的请求, 于是相互之间又确认共识;

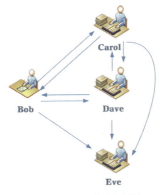

图5.5　PBFT工作示意(四)

⑤大家相互确认达成共识, 将结果反馈给Alice。

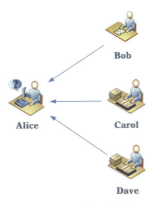

图5.6　PBFT工作示意(五)

这看上去有点复杂, 我们来举个接地气的例子:

春天到了, Alice想提议去春游, 但又担心大家不同意, 于是想拉上Bob一块儿提出这个建议(Alice当然要拉上Bob, 你懂的)。Alice对Bob说: "我们去园博园春游, 好吗?" Bob很高兴——这真是个好机会。于是他兴奋地对正在房间里各自干着自己事情的Carol、Dave和Eve说："Alice提议我们去园博园春游！"Carol正在写材料，仿佛听见Bob这句话了，他疑惑地问对面的Dave是不是Alice说去园博园春游？Dave说他好像也听见了，但不确定，于是又问Eve是不是有这件事。Eve正戴着耳机在追剧，没听见大家说的话，也没注意到Dave和他说话，无动于衷地继续看剧。Bob、Carol和Dave隔着办公桌各自交换了意见，觉得这个方案可行（当然，大家都心知肚明Alice和Bob的意思，也就顺水推舟了）。看到多数人都同意这个方案，Bob、Carol和Dave对Alice说，"没问题，就去园博园春游吧。"于是大家达成共识。此时的Eve还在那里聚精会神地看剧，大家已经不需要他的意见了。

在这个共识过程中，只要反馈意见的人数不少于总人数的1/3，就认为大家达成了共识，这有点像一个重要议题需要2/3以上的人同意才能通过一样。

共识是一切交易的基础，无论是买卖双方之间的交易还是大家在售房部抢购房子，参与共识的个体越多、参与度越高，共识效率就越低，但对共识结果的满意度越高，共识结果也越稳定。相反，参与共识的个体越少、参与度越低，效率越高，但也会使大家对共识结果不那么满意。

共识算法的性能直接影响着和区块链一样的分布式系统的性能，例如安全性、共识成本和效率等。在保证安全性的同时提高共识效率，是提高区块链整体性能，扩大区块链应用领域的重点。

该出手时就出手：体贴又严厉的区块链助手

随着航空出行方式的普及，人们会越来越多地遇到航班延误等意外状况，相应地也就会越来越多地涉及延误赔偿的问题。我没有因航班延误而索赔的经历。据了解有两个版本的索赔过程，一个是完整版：在延误的航班起飞前，到机场的柜台索要证明，或落地后在当地机场柜台索要证明，被保险人必须在30天内向保险公司报案，并申请理赔。除了填写申请表外，被保险人还需提交保险单以及个人的身份证明，并出示航空公司或者其代理人出具的延误时间及原因的书面证明。有时候，还需要出示商务旅行证明等资料。通常，资料递交齐了之后，可在10日内得到保险公司的回复。另一个是简化版：航班延误的旅客无须提交书面证明，只需向保险公司提供登机牌。但不管哪个版本，保险理赔总是件费神费力费时的事情。

法国安盛保险（AXA）针对航空延误赔偿，推出了一款基于以太坊公有区块链的航空旅客自动航班延迟保险产品——Fizzy，宣称自己为"第一家提供使用区块链技术的保险产品的大型保险集团"。Fizzy基于区块链技术记录保险产品的购买信息，通过区块链上的智能合约查询全球空中交通数据库，监视航班信息，以确定是否有航班延误。其智能合约设定为一旦航班延误超过2小时，将自动启动赔偿机制，直接向投保人的信用卡账户进行赔偿转账，无须被保险人走任何流程。

第一节 _____何为智能合约

　　我们先看看什么是合约。《现代汉语词典》对"合约"的解释是合同（多指条文比较简单的）。而对"合同"的解释是，两方面或几方面在办理某事时，为了确定各自的权利和义务而订立的共同遵守的条文。

　　合约（合同）在现实生活中很常见，似乎我们随时都在设立或执行各类合约，比如按揭购房、按揭买车。更常见的还有自动售货机，街头和办公室走廊上可能就能发现一个。自动售货机的工作过程一般为：

　　①向自动售货机投入钱币；

　　②选择需要的货物；

　　③自动售货机吐出货物；

　　④如果需要找零则吐出零钱。

　　这看上去平淡无奇，除了没人外，和有人售货的过程也没什么两样，只是机器可能出故障吞了你的钱而不出货。Nick Szabo在20世纪90年代早期，天天对着自动售货机发呆，觉得这玩意儿太了不起了，能够忠实地执行买卖合同。于是他写了篇论文，提出了智能合约的基本概念：能够将合约条款以数字形式表达，通过硬件或软件方式实现对数字资产的控制的代码。当然，自动售货机只能是智能合约的雏形，和我们理想中的智能合约还有很大差距。事实上我们可以看到很多类似自动售货机的例子，比如地铁售票机、共享单车。

关于智能合约的定义，有多个版本，有"基于区块链的图灵完备的编程脚本语言，适合各种区块链数据结构和共识协议"，也有"以数字形式指定的一系列承诺，包括各方履行这些承诺的协议"，亦有"以数字形式定义的能够自动执行条款的合约，在区块链技术领域，智能合约是指基于预定事件触发、不可篡改、自动执行的计算机程序"，还有"一种用计算机语言取代法律语言去记录条款的合约"等，不一而足。这也反映了人们对智能合约这个新事物认识上的不足和不断更新。为了便于理解，可以粗略地把智能合约想象成可以通过设定条件从而触发并自动执行相应操作的一段程序。如果你有编程的经历，你可以将其想象成是由一系列"If-Then-Else"或者"Do-Case"语句构成的程序。语句指明了当某个（些）条件成立时可以执行的操作。

相比于传统合约，智能合约具有以下优点：

（1）合约条款无异议

传统的合约采用自然语言书写，自然语言的一大特点就是一词多义，容易引起歧义和误解（在某些场合，中文更容易引起歧义，诸如"冬天，能穿多少穿多少；夏天，能穿多少穿多少"；"躺在床上没一会儿，他想起来了"。当然，这也是中文魅力的一部分），很多情况必须联系上下文进行理解。在实际生活中，很多合约纠纷就是因为双方对某些条款理解不一、各执一词引起的。智能合约中的条款是用计算机程序语言写的，它是一种形式化语言，必须保证无二义性，因而它又是与上下文无关的（不需要通过上下文来确定其意思)。有时人们会说"你像计算机一样笨,不懂得灵活变通"。这实在是冤枉计算机了,计算机的机械死板在大多数情况下是有益的,至少它严格遵循规则。智能合约采用程序语言书写,只要双方确定了合约内容,就不会存在执行合约时双方对条款理解不一致的问题。

(2)自动执行

传统合约在存续周期内必须人工不断地判断执行条件是否已满足。就像你出租了一套房子,约定每个月20号收房租,每个月你总会纠结一下今天是多少号,要不要催租,当然你可以在手机上设个提醒事项按时提醒你;但有时,人们还是会对是不是达到了合约规定的条件存有争议,比如20日是指20日零点还是20日24点。智能合约是某种程序,所以在条件满足的情况下会自动执行合约规定的内容。生活中也有一些智能合约的例子,比如你和银行签订了自动还款协议,那么每到信用卡账单日,银行就会自动从你的借记卡上扣掉相应的款项用于偿还信用卡。这对双方都有利,银行按时得到还款,你不用记住每张信用卡的还款日期,从而避免了违约引起的信用和金钱损失。

(3)执行成本低

传统合约存在执行难的问题,所以有强制执行这一说法。我们会看到有些三轮车后面挂着"全国追债,七日可取"的小广告,且不论他们的方式是否合法,这个合约执行成本也够高的了。智能合约因为涉及的只是数字资产的转移,某些情况下可能就是数据库中修改几个数据,快捷迅速,成本低廉。比如自动还款,可能就是在你借记卡和信用卡两个账户数据库之间修改一下各自的数据,时间和费用几乎为零。

（4）不需要第三方

传统合约在设立的时候，通常需要第三方见证人在场，以防止合约双方反悔。智能合约因为是公开可查询的，比如区块链上的智能合约就会被链上的所有节点看到，再加上可采用公开密钥等方式来防止双方反悔，合约设立时并不需要第三方参与，合同执行过程也无须第三方参与。

（5）公正中立

智能合约的可执行力强，一旦达到约定的条件就必须执行，且智能合约所涉及的双方都无法干预和终止合约的执行，合同约定的内容也会被不折不扣地执行，不会被更改。这和现实生活中我们见到的很多合约执行过程中被人为干预或终止、执行结果走样的例子大相径庭，智能合约表现出了完全的公正中立。

在自动售货机的例子中，智能合约已经存在于售货机的软件或者硬件中了，售货机只需要忠实地执行它即可。当然，在我们还没有智能合约这个概念时，我们会认为这是售货机里的自动售货程序，现在我们认为这是用程序方式表现出来的智能合约。

显然自动售货机中的智能合约体现了上述特点：利用无歧义的程序设计语言表达智能合约，保证了合约条款无异议；自动售货机通电后，只要检测到有钱币投入，就可以自动传送用户选择的商品；自动售货机不需要有人站在旁边收钱发货，省了销售人员费用和管理费用，合约执行成本低（当然，机器上也有投诉电话，以便在出现纠纷时沟通解决）；售货机运行过程中没法人工干预（除非你强制关机），它会严格地按照合约设定的方式卖货。

对智能合约的理解需要避免两个极端：一是认为智能合约只不过是传统合约的电子版；二是对智能合约期望过高，认为其无所不能。

先谈谈第一个问题。显然智能合约不是传统合约的电子版，传统合约电子化后（无论是扫描还是打字输入）没法自动执行，还得把电子版打印出来签字盖章，走的还是传统方式。这就好比银行卡并不是银行存单和存折的电子化，你没法在超市POS机付款时给收银员一个保存了存折电子版的U盘，说"就在机器上读一下再扣款吧"。智能合约当然是电子化的，毕竟是在计算机上运行，但与传统合约相比发生了一些本质上的变化，上面作了简要说明。

智能合约虽然有"智能"二字，但这和"人工智能"中的"智能"不太一样。就智能合约目前的发展水平来看，智能的味道相对较少，有时称之为"自动合约"似乎更为恰当一点，但这不妨碍智能合约有着远大理想，从自动到智能。目前人工智能的智力水平大致相当于4~6岁的孩子，看上去还很幼稚呆萌，但这并不意味着它的智力就不能达到成人水平。后面还会谈到，要真正实现"智能"合约，尚需很多基础设施和技术支持。

图 6.1　智能合约的生命周期

与传统合约类似，智能合约在整个生命周期内也有制定、发布、执行、废止等阶段，如图6.1所示。

图中给出了智能合约的四个阶段，各个阶段的主要作用分别是：

①合约参与方共同制定一份智能合约；

②合约扩散并保存到区块链中；

③设定条件触发智能合约；

④合约生命周期完成后废止。

下面我们看看每个阶段的主要职责。

一、制定

显然，只有区块链上的用户才能制定智能合约，所以首要的步骤是用户必须注册成为区块链用户。智能合约参与方共同商定合约内容，这可以像传统合约那样采用自然语言描述，比如"Alice在每个月20号向Bob缴纳1000元的房租"。

我们先将这句话做一次转换：

"如果当前日期是20号，那么Alice向Bob账户转账1000元"。

这种转换也只是理清了逻辑关系，是没法直接放到区块链上去的，必须用区块链智能合约支持的程序设计语言进行转换（只是示例，没有按照标准的智能合约语言写）：

If day（ ）=20 then transfer（Alice, Bob, 1000）

其中的day（ ）函数用来获得当前日期，transfer（Alice，Bob，1000）函数的作用是将1000元从Alice的账户转到Bob的账户。这个简单的智能合约就是一条条件判断语句，通过判断当前日期是不是20号来决定是否执行转账操作。

合约制定好后，Alice和Bob各自用自己的私钥对其进行签名，以保证合约的有效性，这和传统合约上双方签字按手印的作用一样。

签名完成后，智能合约会上传到区块链中，这和传统合约中"本合同一式两份，双方各执一份"的作用一样。只是传到区块链上后，合约就为区块链上所有用户所知晓，实际上起着多人见证和保存的效果，这样Alice和Bob就没法反悔了。

区块链中智能合约的制定过程实质上就是一个程序设计的过程，如果不考虑区块链这个因素，完全可以当作是在设计一个普通程序，只是要用区块链能够支持的设计语言，比如solidity、go等。

二、发布

Alice和Bob将合约上传到区块链上后，链上的每个节点都会收到合约，但合约并没有立刻生效，必须要等到下一个共识完成后才行。这有点类似于传统合约制定后要送相关部门审批，而审批是有时间规定的，比如每周三审批，那么本周三就会审批上周三到本周二送来的所有合约。

共识时间到了后，区块链将所有未共识的智能合约打包到一个区块中, 在链上扩散。链上的每个节点收到这个区块后, 会将里面包含的合约与自己保存的合约进行比较 (不一定只是自己的, 也可能有其他节点的智能合约), 以确认一致性, 并将确认后的消息发送给其他节点。通过这种方式, 区块链对这些智能合约达成了共识。这有点类似于审批机关通过一个审批委员会来完成审批, 每个委员手头都有一份需要审批的全部合约材料, 大家经过讨论达成共识, 完成对这批合约的审批; 也可能采用简单方式, 比如在报纸和网页上将合约公示出来, 在公示期无异议的就表示达成了共识。

达成共识的合约区块会链接到区块链上, 成为没法反悔 (没法反悔只是相对的, 要反悔相对复杂) 的智能合约。这就好比审批后的合约被有关部门存档并在报纸、网页等媒体上公布了, 成了正式合约, 要想废止合约会有复杂的手续和流程等着你。

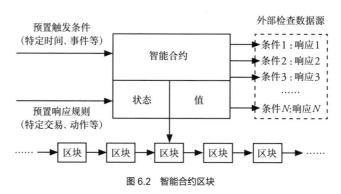

图 6.2　智能合约区块

三、执行

达成共识后的智能合约会定时 (时间间隔取决于触发条件的设置) 检查区块链当前的状态, 触发条件达到了的智能合约会被提交共识。

验证节点会对智能合约的签名进行验证以确保合约的有效性，然后等待达成共识。达成共识的智能合约会被自动执行，执行后的结果会反馈给用户（比如Alice和Bob都会收到转账消息）。

　　我们对智能合约抱很大的期望主要是在执行阶段。一是对触发条件的检测。如果没有其他系统的支撑，仅仅是区块链中的信息是不足以触发复杂或者有实际应用价值的智能合约被执行的，比如关于遗嘱的智能合约的例子：老人留下遗嘱，在后代达到他设定的继承条件（比如获得博士学位）的时候才能继承遗产，智能合约会自动将遗产转账到后代账户中。这里面的触发条件——获得博士学位，如果没有外部信息的输入（无论是人工输入，还是区块链到某个证书库里去查询），区块链内的信息根本就没法触发智能合约。二是执行效果。同样的，区块链如果不与其他系统联通，执行效果会大打折扣，甚至没有效果。在遗嘱的智能合约那个例子中，如果区块链与银行系统没有联通，那么就没法继承遗产，除非他的遗产全是比特币之类的数字资产，在区块链系统中转账就行了。这其实是个区块链应用生态的问题，后面我们还会继续探讨。

　　四、废止

　　智能合约执行后，系统会判断合约的状态，确认合约是不是已经执行完了，如果执行完了就将合约从区块中移除，若没有则等待下一次执行。这就好比按揭购房，这是个周期性的合约，每个月会执行一次，直到按揭期满。

我们来看看智能合约可能的应用场景，之所以说是可能的应用场景，是因为这些场景目前还没有真正开始应用，它是我们对智能合约应用的一种憧憬。

一、电子商务

国内的电子商务已经足够发达了，这极大地满足了我们的购物欲望，但这并不意味着电子商务就足够完善了，能让我们真正通过鼠标就能很轻松地完成查询、下单、支付、收货的全过程。

先看看网上购物的一般流程：浏览网站选定喜欢的商品，如果缺货的话，你可以选择到货通知，收到网站发给你的到货通知后，再进网站将商品加入购物车。然后进购物车付款，为了保证购物安全先支付给第三方，然后再由第三方支付给卖家。付款后，卖家发货，物流将商品送到小区，放到智能货柜中，然后发取货短信给你。你接到取货短信，在智能货柜终端上输入取货码，收到商品。第三方知道你收货后，将货款转给卖家。网上购物才算完成。

这里面的一些环节实际上需要手工操作：缺货商品到货后需手工添加；付款需手工支付；收货后需手工确认（当然也可不确认，等系统设定的时间过了就会自动确认，但卖家会等待一段时间才能收到货款）。我们看看如何用智能合约来改进上述过程。

购物阶段。买家可以和卖家建立智能合约，合约中建立一份购物清单，约定一旦有货就自动将清单中的商品提交付款流程。如果买家需要从多个不同的卖家那里买东西，他可以和多个卖家建立智能合约，当然最方便的是和网站订立智能合约。这样一旦商品到货，智能合约执行后商品就进入付款流程。智能合约就像一个购物代理，帮你实时监控商品到货情况，省去了自己上网查看的麻烦。更进一步，你可以设定智能合约在多个卖家中进行比价，选择最低价的卖家。

付款阶段。提交订单后，你需要跳转页面点击按钮完成付款操作。你也可以建立一份付款智能合约，一旦有商品提交就自动付款。这个合约可以和上一个合约顺序执行，即自动付款给上一份合约指定的卖家。现在电子商务网站为了减少操作步骤，也提供小额支付免密的操作，你只需要提交商品购物清单就行了——在某种意义上可以看作一种智能合约。当然网站把付款搞这么复杂，也有付款安全的考虑，甚至可以让你有反悔的机会。

收货确认阶段。现在的收货确认要么是在网站上手工点击链接确认，要么就是等待系统设定的时间到期后自动确认。卖家为了能早点收到货款，通常会要求买家收货后立即确认，还承诺晒单给予返现或下次购物优惠。实际上，只要你打开了智能货柜就应当认定为你已经收到货物了，所以其实可以在智能货柜和卖家之间建立一份智能合约，约定只要输入取货码打开智能货柜就表示买家已经收到货物了。

这些智能合约可能存在于不同的区块链和不同的软件系统中，背后的运行机制复杂，需要多链、多系统之间协同，只有链与链之间、链与系统之间相互联通，才能给卖家、买家或者物流带来真正的便利。

二、保险理赔

有次开车，我往右拐，另一辆车向左拐，两辆车不幸相撞。我下车查看并无大碍，只是我的车大灯被撞坏，他的车门被撞凹。对方要求报警由交警来判断，不过，我们因故约定换个时间再确认。双方先各自联系保险公司并修车，修完车根据交警的事故认定结果再理赔。但在4S店修车时，需要4S店、保险公司、双方当事人对车损情况达成共识后才能修车。后来交警认定是我的全责，理由是左车在右拐时应当遵循"没有交通标志、标线控制的，在进入路口前停车瞭望，让右方道路的来车先行"的原则。虽然实际情况是右车从落后我2个车身的位置加速冲上来想抢先左拐，可谁怪我在左边他在右边呢？交规没学好，我不知道此时应该停车瞭望。于是保险公司让我先支付对方的修车款，再垫付自己的修车费，然后过段时间保险公司再将两车的修车款付给我。有撞车、擦挂事故经历的人都能够体会这其中的麻烦，几个地方来回跑，劳心费力。让我们看看智能合约能不能解决这个问题吧。

首先警方可以和保险公司建立智能合约，一旦认定了责任者就自动进入理赔程序。这个过程需要警方、保险公司和当事双方达成共识，但其实不必全部到场当面认定责任，实际上完全可以在区块链上完成这个共识。如果链上有其他交警、经验丰富的司机或者车险理赔员的话，多人参与共识可能就有助于充分利用大家的经验和认识，达成合乎实情的共识。

其次，保险公司要与4S店建立智能合约，在上一个合约执行后马上执行本合约，启动付款、理赔流程。这也需要4S店、保险公司、双方当事人，甚至链上更多的节点之间就受损部位和程度达成共识。一旦4S店的维修工作完成并生成账单，智能合约就启动自动转款操作，将修车款转入4S店的账户，根本就不需要车主垫付。智能合约还需要做一件重要的事情，就是将你的车在保险公司数据库中做一个标记，以便来年续保时提高保费。

此外，还可以设立驾照扣分的智能合约，如果事故是双方违章引起的，则会在认定责任后触发并自动按各自责任记分。

上面的智能合约可以是多个按顺序执行的智能合约，也可以是一个写有所有内容的智能合约。

三、购车

买车的时候，消费者容易受4S店影响而按揭买车，毕竟按4S店计算出来的全款购车似乎比按揭购车要贵。但实际上按揭购车非常麻烦，4S店会给你安装一些莫名其妙的设备，又要求必须通过他们上牌、上保险等。总之并不会便宜多少，且还有每月还车款的麻烦，虽然理论上你晚交的车款可以每个月给你带来利息，但那也只是理论上的。

于是你车辆的合格证就被押在4S店了，按揭款每个月都会按时从你的银行卡上扣除，直到你还清为止。这期间你的车是不属于你的，如果不还款，贷款公司还会收回你的车。但车是动产，比不动产收回要麻烦得多，毕竟房子不会到处跑，到时候银行把你请出去再换把锁就可以了。车可以到处跑，谁知道现在跑哪里去了？当然，可能有的车装有定位系统，通过定位系统很容易定位到车辆的当前位置。但贷款公司知道车辆位置后又怎么办呢？总不能让交警全中国帮着拦车，或者派专人去拦截吧！

在这个例子中，我们来看看贷款公司可以怎样利用智能合约收回你的车。他们会和你签订一份智能合约，约定只要有长时间延迟还款就自动启动收回流程。你愉快地签了，心想要是我满世界乱跑，看你怎么抓到我。当然你是诚实的购车者，不会恶意欠款的。但不幸的是，你居然忘记按时还款了，时间达到智能合约设定的条件了，于是触发了收回操作。某天当你早上起来开车上班的时候，发现无论如何都开不了车门，进不去了！你以为是门锁的问题，请了开锁匠来开锁，但开门后却发现无论如何也启动不了发动机！你心想，麻烦了，车坏了。这时你收到短信，告诉你因为违约没有按时偿还车款，车辆被收回了。那么4S店是怎么做到的呢？

目前，并非所有的车型都能做到这一点，只有部分车型可以，在车联网普及后可能会更容易点（这会带来一些担忧和问题，此处不讲弊病，单道其优点）。从车联网的角度来看，汽车实际上并不是汽车，而是可以行走的移动终端，你把它理解成装了4个轮子可以到处跑的计算机就可以了。就好像你拿在手里的不是手机，其实是一台计算机，通话只是其很小的一个功能而已。

车联网使得汽车可以一直在线，和网络上的其他汽车或者设备交换信息，实现导航、信息接收、数据上报等功能。做得好的话能够提高汽车使用过程的安全性和方便性，比如实时车辆状态信息上传，让服务器可以在线监测车辆状况，就像飞机发动机可以将实时运行数据传回生产商以监测发动机工作状况一样。做得不好就容易被控制，就像电影《速度与激情8》中反派控制车辆造成交通堵塞一样。贷款公司实际上可以利用车联网控制你的车，通过远程指令禁止门锁和发动机工作，这样你就没法到处跑了。更有甚者，当自动驾驶技术成熟后，被收回的车会自动开到指定的地点。这种情形目前还不会出现，需要其他基础设施和软件系统建好、相互联通后才行。

讲了这么多智能合约的好处，我们来看看智能合约可能存在的问题。

一、安全

智能合约通过计算机语言进行描述和表达，因此很自然地拥有和一般程序及软件相似的安全问题，比较常见的是程序及软件的漏洞。漏洞可以出现在任何层面，从硬件层面到操作系统，到应用软件都可能出现漏洞，所以我们会经常安装软件更新以消除已知漏洞，但无法消除未知漏洞。利用智能合约的漏洞发起攻击，会引起严重的后果。2016年5月，攻击者利用The DAO在智能合约设计时存在的漏洞发起攻击，成功地盗取了大量以太币，给用户造成重大损失。

另外，和我们担心程序及软件是否能正确执行一样，用户也会担忧智能合约是否能正确执行，毕竟智能合约会自动地执行一些约定的操作，用户没法阻止。当然这是一个自从有了程序和软件就产生了的老问题，并不是在智能合约出现后才有的。我们看到了很多因为程序和软件编写错误又没有及时发现而带来严重后果的事件。想一想你乘坐的汽车在定速巡航时没法退出该状态，导致车辆在高速公路上一路狂奔的危险场面吧！

另一个需要考虑的安全问题是智能合约执行结果的安全。这听上去比较拗口，我们来看上面提到的那个收回汽车的例子。庆幸的是，你不能打开车门、启动发动机是发生在车库里，想象一下你在高速公路上开车出现这种情况会怎样？比如，为了节假日高速公路免费，你晚上开车上高速，盘算着过了24点再下高速正好可以免费通行，可问题是24点正好是贷款公司能够容忍你欠款的最后时间点。到点后，智能合约不管三七二十一就执行了，发送了一条锁住车门和发动机的指令，结果不敢想象。出现这种情况，可能是编写智能合约时没有考虑周全，也可能是智能合约在执行时没法获得你车的当前状态。

二、认可度

普通用户能在多大程度上接受智能合约决定了智能合约能够走多远。用户对智能合约的担忧是有道理的，毕竟智能合约看上去无所不能，雷厉风行，铁面无私，没有商量余地，对你也如指掌，但它看不见摸不着。你会有两个感觉，一个是没有隐私了，因为你的银行账户余额、买了什么东西等，它都知道得一清二楚。仿佛你住酒店，房间里有个摄像头一样，完全保护不了自己的隐私。虽然你在区块链上的身份和真实身份没有一一对应上，通常情况下也不会把你在区块链上的账号和你自己对应起来，但总会让人有所担忧。

另一个需要担忧的事情是，我们需要这么一个看似无所不能的家伙来"帮助"（左右）我们吗？它看上去很细心，什么都帮你记着，又很体贴地帮你把事情做了；但它是完全基于数字的，逻辑中只有"是"和"否"，看上去那么死板。它也许过于热心了，剥夺了我们的自由空间，就像一个贴身助理一样——你有时会觉得其实你被助理左右了，虽然大多数情况下它会很贴心地把所有事情都安排好，但你也就只能在它确定的轨迹中生活。

三、基础设施

我们惊讶于贷款公司科幻般地将违约汽车收回的操作，但实际上这在现实生活中很难实现，一方面（也是主要原因），车联网并不像我们设想的那样已经达到实用的程度，它还缺少很多必要的基础设施。另一方面（一个可能的原因），不同区块链之间并不是那么容易交互的。比如交通违章处罚的系统运行在一个区块链上，而保险公司的系统运行在另外一个区块链上，这两条链可能很难交叉，所以实际上智能合约很难跨链执行。这就好像现在我们很多单位的信息系统都不互联，虽然单位的人事部门有你的详细数据，但你要去买车、买房、登记结婚，你还得在不同网站分别填写重复的信息，而不是一处填写处处可用。

另一个做得比较好的例子是智能电表，如果电费账户上没钱了，电表会自动断电，直到你充值为止。早期的智能电表可能需要你把智能电表上的IC卡拔下来，跑到电网公司去充值，然后再插回去才能来电，这很麻烦。改进后的智能电表直接和互联网联通了，你可以通过手机网上缴费，自动就来电了。虽然它不是运行在区块链上，但它是一种智能合约的应用场景，它的成功运行得益于基础设施的完善。

四、效率

智能合约如果运行在区块链上的话，效率是个很大的问题，这也是区块链自身造成的。智能合约的发布、执行过程都存在共识问题，共识的效率会影响智能合约的执行效率；并且现在区块链上的数据量越来越大，共识过程中查询数据需要花费的时间也就越长, 如果共识算法过于复杂的话, 共识效率就会降低。这实际上降低了智能合约的可用性, 因为它的目的就是在条件满足时能够自动执行, 如果条件满足了一段时间都还没执行的话, 我们对它的作用就要产生怀疑了。这就好比单位在每个月的3号发放工资, 你可以理解为这是单位和你签订的一份智能合约, 合约规定, 到了3号工资会自动转入你的工资卡, 但每次财务都告诉你, 因为数据量很大, 银行没法按时处理完, 需要延迟发放。可以想象你的愤怒。

但很不幸的是, 区块链确实存在效率不高的问题, 因而顺带使得智能合约也低效起来, 这和我们对智能合约的期望有差距。因为既然是智能合约, 我们的假设前提就是它是专为我一个人设置的, 应该随时、高效、正确地为我服务。

如果只是在区块链上完成各种操作, 智能合约看上去非常美好——兢兢业业、孜孜不倦、无所不能。但一旦涉及区块链之外的事物, 智能合约就有点心有余而力不足了。我们看到的各种炫丽的应用案例, 大多数还停留在设想阶段, 但这些设想足够让我们对它抱有极大的期待了。

第七章

天生我材必有用：区块链怎么用

我们在工作中免不了要报账，报账就得和发票打交道，其中两个环节最有技术性：保证发票是真的和贴发票。在纸质发票盛行的时候，发票是有各种验证真伪的方法的，比如以前的定额餐饮发票，据说真发票上有个括号，左边的"（"是汉字全角符号，右边的"）"是英文半角符号，不注意看就看不出来。做财务的内子当时就练就了识别真假发票的火眼金睛，有次在外吃饭后索要发票，她隔着饭桌瞟了一眼发票，便对服务员说是假发票，对方只得去换了张真的过来。

当发票多了的时候，贴发票和在发票后面签字就非常考手艺了。考究的可以贴成鱼鳞状，像盖骑缝章一样签字。后来财务有了新规定，每张发票后面都必须签完整的名字，还必须是两个人签字，哪怕是一张公交车票也要如此。在某个年末财务关账前，研究生来报当年因项目而出差的发票，几百张发票贴了好几张A4纸，找我签字。于是，我花了一个下午的时间，在几百张发票后面逐一签字。

传统纸质发票报账过程的艰辛可见一斑。后来推广电子发票，发票的真伪不用担心了，但同样要在税务网站上验证，签字也同样少不了，工作量并没有减少多少。

2018年8月10日，深圳国贸旋转餐厅开出了全国首张区块链电子发票。有了区块链电子发票，用户结账后就能通过微信自助申请开票、一键报销，发票信息将实时同步至企业和税务局，并在线上拿到报销款，报销状态实时可查。深圳作为全国区块链电子发票试点城市，深圳国贸旋转餐厅、深圳宝安区体育中心停车场、坪山汽修场等成为首批可以开具区块链发票的商户。

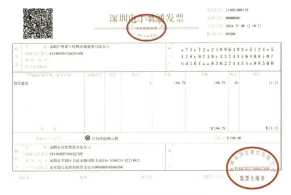

图 7.1　全国首张区块链发票

一、银行

全球领先的资产服务商纽约梅隆银行（BNY Mellon）开发了一个区块链系统，用于创建银行经纪业务交易的备份记录，作为银行现有交易记录系统的一个"备胎"。当银行现有交易记录系统不可用时，该系统就顶替而上，从而在银行系统关闭时，区块链系统仍可开展业务。

英国巴克莱银行与农业合作社Ornua和食品经销商Seychelles贸易公司利用专门打造的区块链系统来交换贸易过程中产生的各种文件。该系统由一家以色列创业公司Wave创建，使用基于区块链的定制技术来跟踪和验证交易过程纸质文件的转移，消除国际贸易面临的一个"最令人头痛的问题"。该系统为客户节约了时间和资金。

招商银行将区块链技术应用到直连清算系统实现银行内部跨境清算。招商银行有六个海外机构，一个子行五个分行，以往只支持分行与总行之间的清算。利用区块链技术，招商银行分行之间也可以发起清算请求，报文传递时间由原来的分钟级别降低到秒钟级，加上采用了私有链，保证了清算过程的安全。

传统资产托管业务涉及资产委托方、资产管理方、资产托管方以及投资顾问等多方金融机构，各方都有自己的信息系统，传统的交易主要通过电话、传真、邮件等方式进行信用检验。中国邮政储蓄银行联合IBM（国际商业机器公司），利用区块链技术实现了中间环节的缩减、交易成本的降低及风险管理水平的提高，业务环节缩短了60%~80%。

浙商银行股份有限公司发布了首个基于区块链的移动数字汇票平台，以数字资产的方式进行汇票存储、交易，为企业和个人提供移动客户端签发、签收、转让、买卖、兑付移动数字汇票等功能，降低了多方参与部门成本，实现了从纸质汇票、电子汇票再到基于区块链技术的移动汇票，实现了层级跨越。

二、保险

Danamis在以太坊上构建了一个P2P的智能合约，企业雇主把失业赔付金存放在合约中，防止雇主倒闭无力赔付失业保险。雇员的工作状态与Linkedin中的状态和声誉绑定，雇员失业申请失业保险时，合约通过Linkedin来验证身份和就业情况，避免了传统失业保险赔付时需要烦琐证明的问题，实现了自动理赔。

Z/Yen基于区块链构建了MetroGenomo系统，该系统应用于共享经济实时保险赔付，解决在共享经济场景下，当用户在使用共享物品，例如共享单车、共享汽车（Uber）、共享住宿（Airbnb）等时效很短的服务时，传统保险服务很难赔付的难题。

Everledg使用BigchianDB构建了一套公有链系统，解决了诸如钻石等高价值物品的防伪验真和追溯问题。该系统将钻石的4C和其他参数哈希化之后放到区块链中保存，利用区块链系统的不可篡改和可追溯特性，对钻石的来源、流通进行管理，打击钻石走私，保障钻石市场的公平。

Edgelogic将区块链和物联网相结合，由物联网设备自动触发区块链智能合约，实现保险自动理赔，解决传统家庭财产保险理赔过程慢的问题。比如，区块链接收到传感器检测到的潮湿异常信息，便触发智能合约，将修理费从保险公司转到理赔账户。

三、证券

传统的证券和股权交易平台不能日清日结，而只能采取"T+1"结算的方式，这种制度从本质上来讲也是交易流程的复杂化所致。借助区块链智能合约技术来实现日清日结，可能会把清算的过程压缩至几分钟。

NASDAQ于2015年推出了Linq平台，这是全球首个基于区块链的中小企业自主股权交易平台。Linq平台基于区块链技术提供了一个交互式股权时间轴，在该平台上可以清楚地显示每个交易者资产的现价、类型、持股数量、历史走势等信息，这些信息记录在区块链账本上，投资者可以实时查看他所感兴趣的信息。Linq平台借助区块链技术实现点对点的交易模式，实现完全无纸化的股权交易、股权产品交割与清结算，以及基于智能合约的资产转让。澳大利亚证交所（ASX）2015年就斥资1000万美元投入DAH公司（数字资产控股公司），布局区块链技术在证券清结算方面的应用。

在国内，中信证券、兴业证券于2016年开始布局区块链，嘉实基金、银华基金管理有限公司、上海证券交易所、中国证券登记结算公司、大连商品交易所等都已经开始单独或者联合部署区块链。2016年6月，由国家工业和信息化部支持、黑龙江省人民政府主办、齐齐哈尔市政府承办，在国家工商总局注册的北方工业股权交易中心开始营业，目前是中国北方最大的"区块链+"股权交易平台项目。

在证券和股权交易领域引入区块链之后，区块链技术可实现完全的电子化、高度精准化和保密的撮合交易，能够准确反映资本市场最新的动态和实时行业数据，完全消除股权市场欺诈的因素，使传统券商的影响力严重削弱，对现有券商是一个极大的冲击。

从世界范围来看，各国政府机构都在积极将区块链技术应用到政府管理中。

（1）美国伊利诺伊州

2016年11月30日，美国伊利诺伊州政府宣布区块链启动计划（Illinois Blocakchain Initiative），提出将区块链技术应用到税收服务、社会服务、社会福利、公共服务等领域。

在税收领域，伊利诺伊州希望开设"税收抵免代币"（tax credit tokens）交易所，让税收抵免实现"代币化"。在社会服务领域，只要政府验证了申请人提供的个人身份信息，并且申请人满足救济资格，智能合约就会自动执行拨款行为。在社会福利领域，包括学生贷款、研究补助、医疗补助、残疾人补助、失业补助、农业补贴等在内的社会福利政策，有望通过区块链技术减少福利欺诈现象。在公共服务领域，若将区块链技术与物联网和大数据技术结合，则当路面传感器检测到废物、垃圾和积雪后，检测数据会被发送至区块链系统，通过大数据分析，触发智能合约，自动发起废物管理、垃圾回收、除雪等任务，为居民提供及时高效的服务。

（2）丹麦政府

在丹麦，买卖二手车要交税。根据该国税法：如果买方不对所有权进行登记，或者买卖任何一个环节出现信息缺失，车辆原所有者仍会被征税。丹麦税务管理局为了正常收取税费，于2017年启动了"车辆钱包"（vehicle wallet）项目。该项目把有关汽车的所有数据都保存在区块链上，创建了一个车辆的共享历史记录，使用经过验证的加密服务来确保车辆信息的安全性、完整性和有效性。被登记车辆在二手买卖过程中经历的测试、维修、贷款、保险变更等环节的信息都能够在链上加以记录、检索。

（3）加纳政府

从2017年起，加纳政府与IBM BenBen合作，为加纳全国土地登记提供基于以太坊的数字登记系统，它能够通过卫星图像和实地验证相结合的方式对土地信息进行认证，使金融机构和国家土地委员会能够实时访问数据。当土地委员会和金融机构触发交易，BenBen会确认销售，证明真正的所有权，用户获得信贷。同时，BenBen也希望将加纳模式应用到尼日利亚、莫桑比克、哥伦比亚等国，以提高土地管理过程的安全性和透明度，减少欺诈行为，改善上述各国土地管理流程。该系统将确认土地权利的平均时间由一年大幅降低到平均三个月，最快三天。

国内，区块链技术在政府管理中的应用相对滞后，但也有一些先行者。

（1）贵阳

2017年，贵阳市实施"区块链+精准扶贫"项目，利用区块链技术全程记录、时间戳、不可篡改、可追溯等特性，将扶贫场景中的贫困人口识别、资金、管理、监督、政策等各个环节的信息纳入区块链管理系统。通过将传统的人员管理方式与区块链技术有机结合，让扶贫基金沿着规定的用途、使用条件、时间限制等安全、透明、精准地投放使用。

（2）雄安

在雄安新区的建设中，"超前布局区块链"被写进党中央、国务院批复实施的《河北雄安新区规划纲要》中。雄安新区区块链在政务领域最先落地，主要应用在工程建设招投标、项目管理和房屋租赁等方面。

在工程建设招投标中，雄安新区在政府管理中引入大数据、区块链技术，对工程建设招投标的每一项决策进行全过程信息留档，作为证据随时可以调取查看，出现问题依法问责。

在雄安新区的"千年秀林"项目中，每棵树都有二维码专属"身份证"，利用区块链实现从苗圃到种植、管护、成长的可追溯的全生命周期管理。

2018年雄安新区还上线了区块链租房应用平台，挂牌房源信息、房东房客的身份信息及房屋租赁合同信息都记录在区块链上，相互验证、无法篡改。

从技术的角度来看，区块链的主要特性和技术，包括数据全链共享、不可删除、防篡改、可追溯、共识和智能合约，使得区块链与政府管理结合后，能够为区块链开辟新的应用领域，同时提升政府管理能力和水平，实现双赢。例如，区块链上的数据是全链条共享的，政府各部门不用单独维护一套只满足本部门标准的数据，降低了社会整体数据应用成本，提升了服务质量和水平。由于链上的数据是不可删除、防篡改、可追溯的——这实际上是将政府信息置于民众的监督下，所以能在很大程度上防止腐败，有助于建设廉洁政府，提升政府的公信力。在区块链上采用合适的共识机制，将有助于实现决策过程的法制化和科学化。在区块链中合理使用智能合约技术，将有利于提升服务的及时性，提高执行效率。

　　日本电视剧《白色巨塔》的后半部分主要讲了一个医疗事故官司，其中有个情节是律师指使医务人员修改病人的病历，以便主治医师能够逃脱因为误诊而带来的官司。面对他人对修改病历的质疑，律师满不在乎地说，"医生修改病历在医院是常见的事情，医生写错了，涂改后重写很正常"。于是主治医师顺利逃脱了法律的惩罚。

　　IBM在2017年发布的一份关于医疗保健与区块链的报告中称，国外已经在医疗健康领域采用了区块链技术，涵盖临床试验记录、监管合规性、医疗/健康监控记录、健康管理、医疗设备数据记录、药物治疗、计费和理赔、不良事件安全性、医疗资产管理、医疗合同管理等方面。据IBM推测，全球56%的医疗机构将在2020年前投资区块链技术。

　　在电子病历方面，区块链可以完整记录包含生命体征、用药历史、医生诊断、患者病情、治疗情况、康复情况在内的疾病诊疗全生命周期所有信息，在许可范围内实现数据共享。区块链中的医疗数据无法删除，会被永久保存，无法在事后进行篡改，这有助于医生通过查询病人的完整疾病诊疗史来了解病人的病情，更好地对症下药。2017年初，FDA与IBM Waston Health合作，利用区块链技术共享健康数据，改善公共健康状况。Google旗下的AI健康科技子公司DeepMind Health使用区块链，实现医院、NHS、病人之间的实时健康数据共享。美国SimplyVital Health公司搭建了与现有医疗保健系统集合的区块链系统，帮助患者协调就诊全环节，并提供准确数据证据。

利用区块链的可追溯性、数据实时更新与共享机制，建立药物一致性物流配送与管理体系，使得病人、医院、厂家、药店、卫生部门、市场管理部门等能够实现对药品器械的实时监管与回溯，防止不合格药品和医疗器械进入医院。Chronicled设计了一种智能标签，将这些标签放在区块链上后，可对药品的流通过程进行记录和追踪。

因为区块链上的数据是公开的，区块链还能有效地降低医疗费用。Gem和PokitDok、Capital One设计了一种区块链系统，使患者在接受治疗前便能确定自付费用数额，支持预付款服务，减少患者就医成本和医疗机构未收款项。利用智能合约技术，能够在保险理赔方面发挥重要作用。一旦达到理赔条件，智能合约就能及时向病人和保险公司发送数据，实现自动赔付，防止骗保。Robomed Network创建的智能合约能够按照设定的条件自动启动保险理赔程序，将医疗数据发送给相关方，提高保险理赔的时效性，降低理赔成本。美国Chang Healthcare推出首个企业级、针对透明化理赔医疗区块链解决方案。

韩国的MediBloc定位于开放式信息服务平台，通过区块链把包括智能手机在内的多种设备产生的，以及分散在不同医疗机构的医疗信息安全地整合在一起并进行管理，从而为用户提供更加优质的医疗服务，提供更加智能的医疗建议。

MediBloc包括7个方面的应用：

①个人健康报告。通过MediBloc平台整合分散在各个医疗机构的医疗记录和由可穿戴设备收集的信息，建立个人完整的健康记录。

②自动保险理赔。根据收集的医疗记录，利用智能合约自动完成医疗保险的理赔和审核，还可以按照整合后的医疗记录来选择符合情况的定制化保险产品。

③P2P医疗数据市场。向用户提供P2P医疗数据市场，医疗消费者可以直接与需要医疗数据的医学研究者、机构或企业建立联系。

④人工智能。患者可以根据整合的医疗数据来接受基于人工智能的个性化医疗服务。

⑤临床研究。可作医疗机构和制药公司的临床研究平台，不仅可以筛选试验对象，还可以辅助整个研究过程。

⑥远程治疗。将平台联接的丰富医疗资源与消费者相连，打破了地域和时间的限制。

⑦社交网络服务。为医疗消费者，特别是那些患有相同疑难杂症的消费者创建可以相互交流的网络社区。

2017年8月，阿里健康携手常州医疗联合体（以下简称"医联体"），以期帮助实现医疗业务数据互联互通。该技术首先在常州武进医院和郑陆镇卫生院落地，后续将逐步推进到常州天宁区医联体内的所有三级医院和基层医院，形成快速部署的信息网络。蚂蚁金融服务集团（以下简称"蚂蚁金服"）则推出了全国首个区块链电子处方，解决复诊患者拿着处方不遵医嘱重复开药等问题，处方物流信息全程可追溯。蚂蚁金服同时提供区块链医疗电子票据服务，方便市民看病，杜绝重复报销。

2018年4月13日，在2018中国"互联网+"数字经济峰会智慧医院分论坛上，腾讯正式对外发布了微信智慧医院3.0。相比1.0和2.0版本，新版微信智慧医院加入了AI和区块链等新技术。新版微信智慧医院把所有知情方全部纳入区块链，实现实时链上监管，全程可追溯。

台北医科大学医院推出了一个基于区块链的医疗记录管理平台（Healthcare Blockchain Platform）。这个平台项目是由100多家社区诊所合作推出的，利用区块链技术解决医疗保健中的共同问题，包括医疗机构、个人病人门户网站和医生转诊过程之间的数据传输。

一、仲裁

微众银行、广州仲裁委员会和杭州亦笔科技有限公司共同推出了基于区块链的仲裁联盟链。通过区块链技术，多节点同时记账，实时完成证据固定并上链，同时也让司法机构参与到区块链的记账中，对接网络仲裁庭，快速解决纠纷。仲裁联盟链的相关负责人表示，"审理2000元以上到50000元以下的案子，律师费用、差旅成本在2000元左右，如果使用线上审判的话只需要500元，司法成本大大降低；对于审理周期，从立案、开庭、送达一般在6个月以上甚至一年，司法涉网后只需7到15天。"当客户需要申请违约仲裁时，违约交易数据会被还原成原文并发送至仲裁委员会的仲裁平台。仲裁委员会收到原文数据后会与先前储存数据进行对比，确认该数据内容真实完整，出具仲裁裁决书。不久前，广州仲裁委员会基于"仲裁链"出具了业内首个裁决书。

二、征信

征信机构利用区块链中数据不可删除和防篡改特性，使民众更加信任征信数据的真实性和征信结果的公正性。此外，区块链中数据的公开性，能够消除征信机构与用户、征信机构之间、征信机构与其他机构之间的信息孤岛、信息不对称问题，实现征信数据和征信结果等数据的交换共享。区块链非中心化和共识机制，有助于简化征信流程和评估过程，缩短征信时间，提高征信效率。

例如，银行间采用区块链进行客户征信时，一方面可以实现多个银行之间的实时信息共享，因为客户的完整账户交易历史均是可查、未经篡改的；另一方面利用智能合约，在客户出现异常交易行为时，可及时向银行发出预警，预防欺诈行为。

LinkEye将区块链技术用于征信体系建设，建立起一个完善的征信体系，能够涵盖个人、企业、金融机构等各方面信用数据，实现征信信息的互联共享，降低社会经济运行风险，提高社会经济效率。IDG、腾讯、安永、普华永道等公司纷纷投资或进入基于区块链的征信管理领域，特别是跟保险和互助经济相关的应用场景。

三、版权

目前，版权保护存在一些问题：首先，版权登记费用昂贵、周期长。国内单件作品登记版权的成本在300元到数万元不等，需要提供大量的身份验证和相关材料，登记周期一般为20个工作日。其次，自媒体等新兴媒体因为作品的时效性问题，往往没法按传统模式进行版权登记，于是作者只有放弃登记，但一旦出现版权纠纷，作者将面临无法保护自己正当权益的风险。此外，传统版权保护一般采用文本存储与数据库处理两种方式，前者保存不方便，容易丢失、损毁，后者中的数据存在被篡改的风险。而数字出版业广泛采用的数字版权管理（Digital Rights Management，DRM）技术，主要是利用密码技术来防止盗版，但它不能解决版权纠纷问题。

若将区块链引入版权保护领域，则作者有新作品后，可以立即在区块链上发布版权信息，经过所有节点共识认可后会保存在区块链上供大家实时查询。由于区块链数据的不可删除特性，该版权信息将永久保存，不会存在信息丢失的问题。区块链数据的防篡改特性又能保证版权信息不被人为修改，出现盗用或者冒领版权的情况。智能合约将针对不同用户的版权收取不同的费用，兼顾了作者的经济利益和作品的社会效益。区块链的可追溯性又能够在发生版权纠纷的时候，通过回溯整个版权登记、转让和交易历史，厘清版权归属，保护各方利益。

国外已有针对音乐行业的区块链版权平台，格莱美奖获得者伊莫金希普就使用了区块链平台出售她的新专辑。Mycelia是一个利用区块链进行版权保护的项目，为音乐人实现音乐的自由交易。Monegraph通过区块链保障图片版权的透明交易。Mediachain能够将内容创造者与作品唯一对应。

国内的区块链版权平台则有原本、纸贵、版权家、亿书等。其中，纸贵已于2017年完成了数千万元A轮融资，并已成功对接喜马拉雅、西部文学、寒武纪年、激拍等30多家平台。

四、公证

以前，佛山市民要办公证得拿着一摞一摞的文件到处盖章到处跑。普通的办事流程，市民至少要跑3趟，同时公证员需要拿着市民提供的资料向各部门逐一核实，这样不但流程烦琐而且效率低下。禅城公证处的业务正式纳入禅城区块链"智信城市"计划后，市民办理出生医学证明、学历、学位、无犯罪记录等20项公证业务无须再"跑腿"，委托买房等13个事项实现"1小时出证"。各职能部门通过数据上链，在平台上共享包括公民身份信息、户籍登记信息、驾驶证登记信息、不动产登记信息、婚姻状况信息、公司工商登记信息、个人参保缴税信息等多项信息数据，实现了各职能部门数据的互享，公证员能更快速有效地核查市民资料，完成数据提取、比对。

这是区块链在佛山被应用到公证领域中的一个例子。将区块链技术运用到公证领域，一方面可以将分散于全国的3000多家公证机构的数据进行整合，提升数据在公证行业内部的交换与利用，更好地发挥公证职能，服务社会大众；另一方面可以便捷地实现对海量的发生在互联网的法律行为与数据进行公证，解决互联网环境下举证难、质证难的问题和困扰。

北京、广州、南京、重庆、福建、西安等地的16家规模较大的公证机构作为首批发起人，于2017年6月发起并建设了我国首个基于区块链技术的"公证专有云"。首个区块链公证应用实例就是中国知识产权公证服务平台"原创保护"模块。

此外，区块链在法律文件存储、证据保全等领域也有应用。英国创业公司Veriphant开发了基于区块链的文档管理系统、数据存储系统和数据共享系统。利用分布式账本和指纹加密等技术，将数据存储于区块链的节点中，从而为客户提供安全、便捷的数据存储服务。通过存储用户法律文件，并对之后所有的版本变更情况进行记录，防止数据被篡改，提高数据安全性，降低审查成本。Veriphant使得客户存储在区块链节点中的数据具有法律效力，在法庭中能够作为有效的法律证明。

第五节————————————————————物　流

　　日本数学家望月新一认为，快递物流行业是非常适合应用区块链技术的行业，可以称其为物流区块链。区块链技术具有去中心化、集体维护、高度透明、匿名、不可篡改、可追溯的特点，可以应用到快递物流业中。

　　一是物流跟踪。现有的快递跟踪信息很不及时，特别是在跨境、跨多个物流的情况下，几天可能都不会更新快递信息。我们都有这样的经历，在跟踪快递的时候被告知可能会在某天到，但具体时间不定。于是为了能够及时收到快递，我们往往在预定的收货日坐等快递送货。当然现在也有用智能柜的，快递小哥将物品放在智能柜里，再用短信通知你去取，但这种方式对生鲜和贵重物品不太适用。有一次我买了螃蟹，快递小哥把它放在智能柜里，还要打个电话给我说赶紧去取，不然要坏的。另一次，我买了台平板电脑，快递小哥也是放进智能柜后再给我打电话让我早点去取。还有一次，我要带孩子出去玩，给她买了一个拉杆箱，盘算着出发前就能收到，结果到出发当天都还没收到。于是我赶紧给商家打电话——被告知早就给物流公司了，然后我又给物流公司打电话，对方说已经送到本地了，可能还没派送；于是我又给派送点打电话，对方说还没收到，可能还在集散地；我又继续给集散地打电话，这边说可能还没卸货；于是我赶紧跑到集散地，看着一车货卸下来，终于在最后几件货里找到了我买的东西——终于顺利出行了。

快递跟踪信息更新不及时是因为不同承运方的数据没有实时共享，所以你发现电商自营的物流送货时间就比较确定。利用区块链构建物流联盟链，使得商家、各物流方能够在链上实时共享物流数据，提升服务能力和用户满意度。此外，数据的不可删除、防篡改和可追溯，使得一旦发生快递丢失，在一条链上就能够完成责任认定，而不像现在这样需在不同方之间来回折腾。

二是商品溯源。比如现在引起民众愤怒的商家、物流联合造假，将假货当作海淘商品卖给用户的事情。这可以通过区块链不可篡改、数据完整可追溯以及时间戳功能，让用户能够从源头开始的真实信息来溯源。但这仍然会存在一定问题，就像假海淘这件事情一样，实际上是商家和物流方联合起来伪造商品信息，这类似于区块链的51%攻击。但区块链的数据是公开的，如果用户也能在区块链上实时看到商品信息的话，那么51%攻击的可能性会更小。更何况，造假信息会存储在区块链上没法删除和修改，造假者如果顾虑这个因素的话，造假冲动就要小得多。目前，之所以造假者能肆无忌惮，就是因为商品在不同阶段的信息变化过程用户无法获知，这让造假者可以很从容地伪造出一份前后一致的信息。

三是物流理赔。当商品丢失或者损坏后，物流理赔能够让用户获得相应的赔偿，但这涉及责任认定和理赔时效的问题。责任认定需要通过分析物流过程来分清责任方，这需要完整、无篡改、时间前后一致的数据，这正好用到区块链的数据不可删除、防篡改和时间戳特性。并且，交易过程利用了交易双方的私钥进行身份和交易确认，防止了交易双方反悔抵赖，这样就更容易分清各自的责任了。在区块链物流中采用智能合约技术，一旦分清理赔责任，则自动进入理赔程序，使得用户能够在短时间内获得赔偿，而不需要走复杂耗时的人工申请、审批、理赔流程。

美国的联合包裹服务公司（United Parcel Service，Inc.，UPS）2017年11月宣布加入区块链运输联盟。UPS认为，区块链技术可以提高发货人、承运人、经纪人、消费者、供应商和其他供应链利益相关者的信息透明度和办事效率。敦豪航空货运公司（DHL Express）2018年3月联合埃森哲发布了《区块链在物流行业的应用》，指出区块链技术完全有能力改变整个物流行业，并就区块链技术在医药配送方面的潜力进行了例证。敦豪坚信区块链技术会对物流领域产生深远的影响。

2016年11月初，欧洲最大的港口鹿特丹港与荷兰银行、代尔夫特理工大学、荷兰国家应用科学研究院、德斯海姆应用科学大学、Royal Flora Holland鲜花交易中心等组成区块链物流研究联盟，探索区块链在物流领域的作用，并与荷兰经济事务部合作，为联盟项目开发开源基础设施。这是世界上首个专门针对物流领域搭建的区块链联盟。

国内，京东物流2018年2月加入全球区块链货运联盟，成为国内首个加入的快递物流企业。京东积极探索利用区块链优化供应链流程、加强跨境物流和通信以及促进快递物流业内技术合作。2018年3月京东发布了《京东区块链实践技术白皮书（2018）》，介绍了京东区块链在供应链、金融、政务及公共服务等领域的主要应用场景、技术架构体系等。2018年5月，京东发起国内首个"物流+区块链"技术应用联盟,推动区块链技术在快递物流领域的应用。

中通快递2018年5月发布了《实体化区块链:内生于中通快递的共创生态系》,探索区块链在快递领域的应用场景。阿里巴巴2017年3月联合普华永道打造可追溯的跨境食品供应链,宣布开放区块链技术支持进口食品安全溯源、商品正品溯源等。

菜鸟与天猫国际于2018年2月共同宣布已经启用区块链技术跟踪、上传、查证跨境进口商品的物流全链路信息,涵盖了生产、运输、通关、报检、第三方检验等商品进口全流程,供消费者查询验证。

腾讯公司和中国物流与采购联合会(以下简称"中物联")签署了战略合作协议,联合发布它们的首个重要合作项目——区块供应链联盟及运单平台。腾讯把自身拥有的社交资源和区块链技术与中物联的行业资源、场景优势结合在一起。双方共同推进各项技术在汽车物流、电商物流、冷链物流、医药物流、危险品物流、公路货运等各类垂直物流与供应链专业领域的应用。双方还将合力推动物流社交/社区、物流系统软件、物流信息平台、物流金融、物流保险等专业板块的技术和应用升级。

　　10多年前，我换了第二代身份证，除了觉得比第一代身份证好看、复印的时候要双面复印显得麻烦和更贵一些外，没觉得它有什么特别的好处。直到我在酒店前台办理入住的时候，看见前台服务员把身份证放在一个读卡器上读出了我的所有信息时，我才知道第二代身份证中存放了个人身份信息。

　　我们除了在住酒店时需要使用身份证外，在坐飞机、火车，甚至医院挂号时都要用到。当你在网上购物的时候，为了保证支付安全，很多网站都需要进行实名验证，这个时候你会把身份证上传到网上。需要随时携带身份证和操作上的麻烦会使你对数字化身份信息有迫切的需求。

　　显然，数字身份相对实体身份有着无比的优越性：便携性好、数据更新容易、认证方便迅速、适用范围广、不易伪造等。数字身份已成为我们生活中不可缺少的重要部分，逐渐成为社会的重要基础信息。

　　但是传统的集中式数字身份管理会遭遇诸多挑战，安全性是其中之一，近年发生的Facebook和Google服务器泄露了众多用户身份信息的事件就引起了公众恐慌。将区块链与数字身份管理相结合，利用分布式账本技术管理数字身份，目前已成为一股热潮，并将深刻地改变现有的身份管理和应用方式。区块链身份管理的主要优势在于自主身份识别、真实性验证、了解客户（Know-Your-Customer，KYC）规划简化等。

Research & Markets的一份报告预测，全球区块链身份管理市场的规模将从2018年的9040万美元增长到2023年的19.299亿美元。如果将整个身份和访问管理市场包含在内，市场规模将从2016年的80.9亿美元增长到2021年的148.2亿美元。

从全球来看，区块链身份管理市场被划分为5个主要区域，分别是北美（主要是美加）、亚太（主要是中日韩、东南亚）、欧洲、中东和非洲以及拉丁美洲地区。从市场份额来看，北美地区在2018年占据了整个市场的最大份额。从技术采用和基础设施来看，北美也被认为是最先进的地区，包括北美各国的政府在内的各种组织正在积极采用区块链身份管理技术。埃森哲和微软联手为联合国创建了基于区块链的身份基础设施，帮助联合国为全世界100多万没有官方身份证件的人提供合法身份证明。

在欧洲，爱沙尼亚作为波罗的海地区小国，在信息技术方面却是个不折不扣的"大国"，被称为"世界数字发展第一名的国家""欧洲硅谷""波罗的海之虎"，我们耳熟能详的skype、transferwise、hotmail等软件都起源于该国。得益于该国政府前瞻性的眼光，在区块链时代，爱沙尼亚也走在了各国前面，它应该是世界上最早开始普及区块链技术的国家。2014年，爱沙尼亚实施了"电子居民"（e-Residency）计划，该计划使世界各地的人们可以通过申请"电子居民"得到由政府认证、颁发的电子身份证号码，享受爱沙尼亚的部分线上服务。截至2018年7月，已经有来自全球136个国家的35000人通过"电子居民"计划成为爱沙尼亚电子公民，其中包括时任德国总理默克尔、法国总统马克龙、日本首相安倍晋三等。

"电子居民"计划将个人资料、身份信息等放在区块链上，爱沙尼亚的电子居民在网络认证时，都需要在爱沙尼亚大使馆进行身份确认和生物信息的采集。通过这样的方式，爱沙尼亚电子居民均可在需要使用电子居民相关服务时使用自己的身份登录，这也保证了政府在后台信息中可以查询到任何一位电子居民的身份信息，便于管理。

爱沙尼亚政府通过利用区块链技术与一系列智能身份的管理，将原本复杂的电子居民申请、认证、管理有效地结合起来，并且让该合约中的居民可以远程注册公司、开设相关公司的银行账户以及制订简单的报税计划等。

在澳大利亚，全球四大审计巨头之一安永会计事务所正在为澳大利亚研发一个新项目——基于区块链的身份认证管理平台，目前已经在以太坊协议中得以部署。该平台能够通过传统的KYC流程创建客户的身份信息，在区块链环境中将这些信息分配给其他受信任的成员。

目前，区块链个人身份管理厂商主要分为三类：应用程序提供商、中间件提供商和基础设施提供商。例如，Civic是一个基于区块链和生物识别的多因素身份认证系统，可以在移动端无需用户名和密码的情况下进行准确安全的用户身份识别。uPort是基于以太坊的自主权身份ID应用，它允许用户身份验证、无密登录、数字签名并和以太坊上的其他应用交互。Shocard则是一家基于区块链的企业级IAM和单点登录（Single Sign On，SSO）解决方案提供商。

在中国，IDHub、Ontology Network等区块链数字身份项目也在如火如荼地开展。IDHub是基于开放原则的分布式数字身份平台，通过Solidity智能合约、OpenPDS、JWT、Merkle Tree、Identity Graph、Kademlia等技术，为用户塑造强主权身份。目前，该项目已在佛山为130多万居民提供服务，同时在日本市场为60多万会员提供身份认证服务。Ontology Network是一个基础性公有链网体系，它提供不同的分布式应用场景的开放基础模块，实现分布式P2P的信任体系。

基于区块链的个人身份管理应用方兴未艾，但仍有几个问题引起了公众的担忧：

一是信息的控制权。用户担心个人数据一旦被放到区块链上，用户就失去了对自己数据的控制，区块链所有者可能会未经同意就随意使用用户的个人数据。用户必须控制自己的信息，选择开放或者是部分开放，决定谁可以访问自己的信息，防止被别人操控，使个人身份数据用在应该用的地方，以获得更好的服务。

二是个人数据的隐私问题。区块链虽然有很高的安全性，不会轻易被黑客攻破导致数据泄露，但区块链上的多个节点都会有数据的备份。备份一旦多了，泄露的可能性也就增加了。另一个引起用户担心的是区块链上的数据无法删除，即使用户更换身份后，也可以根据账本数据中的修改历史最终关联到新身份。这与目前国际国内对加强对个人隐私数据保护的呼声相冲突，比如欧盟的GPDR就要求用户数据可以被删除、修改，但区块链不允许这种做法。

三是个人身份数据的开放性。理想状况下，个人身份数据应当"一处存在，多处访问"，比如用户医疗健康信息就应当对保险公司、药店、卫生监管部门开放，而不只是医院可用。如果不同访问者处于不同的区块链上，就要求能够支持区块链跨链访问。

一、选举

2018年5月，美国西弗吉尼亚州的政党初选（竞选公职人员）完成了美国历史上首个由政府组织的区块链选举活动。大多数选民采用常规的投票方式，而一些身处其他地区的特殊选民则通过一个区块链平台参与本次投票。

日本筑波（Tsukuba）尝试着在其市政决策投票系统中应用区块链技术，希望通过区块链实现更民主、更透明的选举，减少投票过程中的违规行为。选民能够通过投票系统参与多项社会议题投票，参与者可以从候选项目中选择他们认为最值得投资的市政项目。

2018年，非洲的塞拉利昂共和国拟举行世界上首个以区块链技术为基础的总统投票选举，利用区块链技术处理和计算投票结果。相对于纸质投票系统，使用区块链投票有助于避免纸质投票带来的欺诈和腐败，去除人为错误，确保投票的安全、透明和匿名，同时也能降低选举成本。原本这是人类历史上首次将区块链技术应用于政府选举领域，但是基于某些考虑，塞拉利昂全国选举委员会最后发表了声明，否认在选举期间使用了区块链技术。

泰国科技部下属的国家电子和计算机技术中心已经完成了基

于区块链的投票系统的开发，用于电子投票的区块链技术可应用于国家、省或社区选举，以及董事会等商业投票，减少欺诈并保持数据完整性。

二、公益

近年来陆续有明星陷入"诈捐门"的报道，使得明星不仅名誉受损，而且事业也遭受了打击。为什么会这样呢？一方面，由于事实不清、信息不透明，所以捐赠方名誉受损，公众被蒙骗。另一方面，公益组织善款使用不完全透明，这使捐赠方对善款去向产生忧虑，影响其对公益组织的信任。民众普遍关心善款的使用是否合法，善款是否真正落到了需要帮助的人的手里。另外，不怀好意之人也利用他人的爱心，骗取爱心人士的捐款。而且，善款的存入、提取、转移，都需金融机构提供服务，需要服务费或者手续费，有可能使实际受捐方获得的善款小于捐赠方捐赠的善款。2012年，联合国前秘书长潘基文说，"30%的联合国发展援助损失于腐败"。所以，公益组织必须具有相当的公信力，才能让捐赠者和民众对善款的使用有安全感。

区块链具有的非中心化、点对点、分布式账本、时间戳、信息透明且不可篡改等特点，使得区块链技术运用于公益领域具有以下几个优势：一是区块链上整个捐赠过程的信息是公开透明的，各个节点可以追溯善款是否落实到位，这实际上形成了一种公众监管捐赠的氛围。二是分布式账本有利于防止恶意的数据篡改以掩盖善款的真实去向。三是利用时间戳，用户的每一次操作的内容和时间都会生成区块记录在链上，用户可以查阅任何一位捐赠者的捐款时间、款项转移的时间，确保整个捐赠流程更具可信性。四是区块链的可追溯性使民众可获知每一笔善款的来源和去向。

五是基于区块链点对点的特点，捐赠方和受捐方可不需要第三方组织作为中间方而直接进行点对点的捐与受，减少由于第三方金融机构的服务而带来的成本。

英国慈善机构与初创企业Disberse合作，在一项斯威士兰教育公益项目里使用区块链技术来降低善款的流转费用，规避了银行转移支付的昂贵费用，节省了大概2.5%的手续费用，省出了额外三名学生的学费。

依托区块链技术，阳光公益联盟链将全部善款数据公之大众，打造透明公益阳光链。资金从捐赠到使用的每一个环节都被清晰地记录，信息记录采用多方记账、实时同步的形式，捐赠人、受助者、公益组织、医院等都可以在区块链上进行信息的写入，由于数据无法更改，打破了传统信息只被公益机构一手掌握的局面，为公益事业提供了信用保障。目前已有中国红十字会、中华少年儿童慈善救助基金会、中国妇女发展基金会加入该公益项目。

三、能源

区块链在分布式能源、能源交易、能源支付领域有着广阔的应用前景。

分布式能源可以增加电网灵活性，降低运营成本，提高可靠性。区块链可以将可再生能源和其他分布式能源添加到电力系统中，提高分布式能源的可控性，以满足日益复杂的电网运营需求。

LO3 Energy和ConsenSys合作，由LO3 Energy负责能源相关的控制，ConsenSys提供区块链底层技术，在纽约布鲁克林区构建了一个点对点交易、自动化执行、无第三方中介的能源交易平台。该交易平台通过在每家门口安装智能电表，将住户能源使用情况接入区块链网络中，实现将住户智能电表中盈余能源销售给其他住户。利用智能合约（住户通过手机客户端软件在自家智能电表区块链节点上就能发布），住户之间基于价格、时间、地点等因素进行自动销售。

Energo通过将各住户的可再生能源存储到分布式储能设备中，通过代币的形式评估能源的占有量和消耗量，基于智能合约设置能源交易规则和微电网切换主电网的策略，实现无中介的点对点能源交易。

电动汽车是另一个未来的耗能大户，电动汽车数量的持续增长在很大程度上受限于电池容量、使用成本、充电速度和充电便利性。目前全球约有168万套私人充电设备，且绝大多数充电器在每天的大部分时间内都处于闲置状态。区块链技术的应用，能够为拥有私人充电设备的车主提供补贴，让这些设备可以共享给公众使用，车主可以自己设定充电价格，并使用区块链来处理所有计费、支付和身份验证问题。

目前，ZF、UBS、Innogy和IBM正在开发相应的区块链平台，该平台可实现自动化并集成一系列移动服务，包括电动汽车充电、计费、停车费、高速公路收费和汽车共享服务费等。荷兰电力公司TenneT正与IBM合作利用区块链改善分布式能源性能的试点项目。该项目允许电动汽车车主将家庭光伏系统产生的多余电力出售给电网，以平衡电网的能源需求。

德国能源巨头Enercity目前已经接受了比特币作为一种账单付款方式。日本能源供应商E-net Systems和交易所Coincheck合作，支持用户使用比特币支付电费。澳大利亚支付公司Living Room of Satoshi的用户可以用比特币和其他加密货币支付账单。

四、车联网

由于区块链的不可篡改性，违章信息、车辆故障信息、交通事故的现场信息将会永久记录在区块链里，这样可以实现证据的固化，解决车辆数据诚信问题。与车辆相关的汽修汽配、车辆管理、汽车制造商、汽车租赁、保险等均可接入区块链，记录车辆与车辆之间、车辆与人之间、车辆与服务商之间的数据，记录车辆完整生命周期，提高驾驶的安全性和服务商管理的效率。利用智能合约实现自动交易、维修、租赁、理赔等操作，及时有效地保证车主权益。

2018年3月12日，驾图率先推出首款区块链产品——驾图蜜糖版OBD盒子，这是一款主打通过汽车大数据获取区块链积分奖励的OBD产品，旨在倡导绿色出行、低碳出行。基于驾图盒子对汽车行驶里程、汽车状态和驾驶人驾驶时长、耗油量、三级驾驶行为等数据进行管理。区块链可连接包括车主、汽车制造商、4S店、车联网企业、保险公司、车辆管理所在内的所有数据提供者，记录车辆完整的生命线。利用区块链的去中心化，让每个用户都拥有唯一的区块地址，防止账户数据被黑客盗用。

2018年初，上海汽车集团将Elastos的区块链技术应用在车载中控系统中，并通过Elastos的区块链技术进行身份确认，连接和控制车内其他子系统，构建了一个智能汽车的统一软件开发平台。

SIGMA基于区块链技术，将电子车牌作为汽车的唯一账号及标识，接入区块链系统。用户通过带有定制芯片的电子车牌及远距离扫描技术，实现智能化的车辆日常扣费，同时可使用手机客户端软件随时查询、缴费。公安交管部门通过接入区块链的权限，查询及管理所有车辆的相应信息。

第八章

山雨欲来风满楼：区块链成长的烦恼

某天，我收到了这样一条短信："亲，可以帮我们团队刷单吗？一单30元，保证每天有单可做，一个月保底可以赚3000元。一单结算一次，手机操作即可。不耽误您的正常工作，只需要利用业余时间即可操作。咨询可加企鹅号12345678××。"

　　这是一则招募人手进行恶意刷单的广告，招募者需要招募很多人，按他的意图进行刷单操作，实现恶意好评或者差评，从而误导消费者或者攻击商户。虽然各大电商平台采取了一定的措施来防止一个人多次恶意刷单，但对多人恶意刷单却没有很好的防御措施。在互联网诞生后，这种恶意刷单的攻击方式就出现了，比如以前参加网上投票时，线下和朋友、同学都统一口径集中投某一个人，虽然投票系统限制了同一个IP地址不能重复投票，但系统限制不了多人从多个IP地址投票。类似的还有微信群里经常有人请大家帮忙投她家宝贝一票，以便获得诸如"本市最具发展潜力宝贝"等称号，这其实也可以看作一种恶意刷单。

　　在类似电商的开放环境中，对商家或者商品的评价是一个共识过程，恶意刷单实际上破坏了共识过程的公正性，对电商有害，对区块链也有害。

（1）容量

区块链的容量在不断地增加。以比特币为例，2016年7月全部账本数据才80GB左右，但到了2017年7月就已经增加到了130GB。这看上去没什么大的问题，无非是增加存储设备而已，比如现在的硬盘容量动辄就是TB级的，指不定哪天PB级的硬盘就出现了。如果只是简单地存储数据，这肯定不是问题，任何数据中心的容量都远超当前区块链的容量。

问题是数据中心巨大的数据都是保存在本地硬盘、磁带、光盘上的，几乎不可能存在整个数据中心的数据会通过网络传递到另一个数据中心去的情况（如果要那么做的话，还不如叫个快递员，让他开一辆集装箱车过来，然后把硬盘、磁带、光盘搬上车，通过高速公路送过去。计算表明，这可能是目前世界上带宽最大的"网络"）。区块链的特性要求它必须通过网络实现几乎实时的数据同步，不然连共识都没法完成。这种情况下，通过网络传递130GB的数据显然不是个好主意，并且，这种传递随着新的节点不断加入，对网络来说也是个很大的负担。

问题的根源在于区块链的工作机制，区块链中的数据是不断递增的，不能像通常情况下那样删除。在这种机制下，所有数据都必须保留，因为交易所需要的数据可能在很早的区块上，根本没办法简单地按照日期的远近对区块进行减容操作。

考虑到容量问题可能会使越来越少的节点愿意成为完全节点（保留所有数据），毕竟只需要部分数据就可以完成主要工作。于是区块链上的完全节点越来越少，能够达成共识的节点也相应地少了，数据从原来分散到众多节点逐渐集中到很少的节点上。极端的情况下，也许就只有一个节点保留了所有数据，这个时候整个区块链就会退化成一个中心化的数据库，完全失掉了非中心化的特点。

（2）效率

区块链效率低下也是一个令人诟病的地方，这主要体现在两个方面：交易确认时间和交易频度。比特币系统中，一笔交易的确认大概需要花费十分钟的时间，比特币系统又规定一笔交易必须通过6次确认才算有效，因而一笔交易需要大约1小时才能完成确认，这应对非关键业务足够了，但仍然离理想有较大差距。这就好比以前我们用写信的方式来确定对方是否收到信息，等上十天半个月也有耐心。但现在你没耐心了，用QQ和微信都嫌慢，因为对方可能不在线。在拜占庭将军问题中，将军们通过信使传递情报，速度慢又容易贻误战机，现代战争就必须要用无线电联络来抓住稍纵即逝的战机。

交易频度与区块大小和产生速度密切相关。以比特币为例，每条交易大约250个字节，如果区块的大小是1M的话，一个区块最多可以容纳4000笔交易数据。比特币系统每10分钟产生一个区块，一天的上限是144个区块，总的交易上限是576000笔，换算下来是每秒只能处理6.67笔交易。这个速度显然不能令人满意，无论是信用卡还是网上支付，每秒能够处理的交易数都远多于这个数，否则"剁手节"就不会有那么高的成交量了。如果你让某宝、某东们每秒只完成6.67笔买卖，他们非得抓狂不可。

2018年8月6日，腾讯安全联合实验室联合知道创宇发布了《2018上半年区块链安全报告》。该报告显示当时在全球范围内，已出现了1600余种数字加密货币。2018年上半年，区块链领域因安全问题损失超27亿美元，因区块链安全事件损失的金额还在不断攀升。从IOTA"邮件门事件"、USDT"假充值漏洞"、EOS"彩虹攻击"，到BEC与SMT"整数溢出攻击漏洞"、BTG"51%算力攻击"等，这一系列事件引发了大家对区块链安全的关注。

区块链从运行环境到运行机制，再到应用都存在安全问题。此处简要地从网络、密码算法、共识几个维度来说明它可能面临的各种威胁。

一、网络安全

区块链架构在P2P网络上，作为区块链运行的基础设施，传统的网络安全问题在区块链系统中也存在。就如同公路路面出问题后，会对在上面跑的所有车辆产生影响，但对不同车辆的影响程度不同，一道小的裂缝可能让小汽车没法通过，但不影响坦克呼啸而过。区块链网络安全主要涉及几类攻击：女巫攻击、日蚀攻击和分布式拒绝服务攻击（DDoS）。

（1）女巫攻击

区块链，特别是公链的开放性使得任何用户都可以加入其中成为一个节点，比如比特币就没有身份认证机制，任何人都可以去"挖矿"。由于这种节点可随时加入、退出，系统又需要维持自身的稳定性，因此采用了数据冗余机制，即同一份数据备份到多个区块链节点上。黑客如果将一个恶意节点放到区块链上，该恶意节点会伪装成多个节点，使得原本备份到多个节点的数据被备份到了同一个恶意节点。同时，该节点通过伪装成多个正常节点，在共识过程中让系统认为有足够多的正常节点来达成共识，从而掌握区块链的控制权。

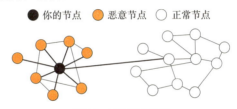

图8.1　女巫攻击示意图

1992年8月7日，深圳证券交易所发布新股发售方式，发售新股认购抽签表500万张，一次性抽出50万张有效中签表，每张中签表可认购1000股新股，一共发行国内公众股5亿股。认购者需凭身份证到网点排队购买抽签表，一张身份证购一张抽签表，但每个认购者可以携带10张身份证。股民们很快找到了应对方法。同期，深圳市邮局就收到了一个17.5公斤重的包裹，里面居然是2800张身份证。当时有关部门估计，大约有320万张居民身份证"飞"到了深圳，全是用来购买新股认购抽签表的。极端情况下，如果不限制每个人可携带的身份证数量的话，理论上一个人可以拿50万张身份证将5亿股全部买了。

（2）日蚀攻击

当区块链网络受到女巫攻击时，足够多的恶意节点进入区块链后，就可以发动日蚀攻击了。日蚀攻击的基本思路是将正常节点与区块链隔离开来，同时通过伪造或者有选择性地向正常节点发布区块链上的信息，诱使其作出错误的决策。

以比特币网络为例，虽然是P2P网络，但每个节点并不是与其他所有节点都建立了点对点连接，如果是点对点连接的话就太消耗网络连接资源了。实际情况中，每个节点只接受117个指向它的连接，8个它自己发起指向其他节点的连接。如果攻击者攻陷了指向它的117个连接节点，就可以成功地将该节点从区块链中隔离开来，收到的信息都是攻击者提供的虚假信息，攻击者只需要很小的计算能力就能够发起攻击。

例如，如果攻击者将区块链分隔成两部分，一部分的计算能力是全链的30%，另一部分的是全链的40%，攻击者只需要拥有30%的计算能力就可以挟持任一部分节点，从而发起51%算力攻击。这大大降低了攻击方发动攻击所需的计算能力。

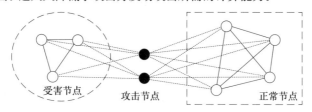

图8.2　日蚀攻击示意图

（3）分布式拒绝服务攻击（DDoS）

DDoS是从拒绝服务（DoS）发展而来的。DoS可以理解为攻击方采用恶意手段，使得用户不能合法地访问网络服务，或者网络服务器忙于处理攻击者的服务请求而没法响应用户的合法服务请求。这类似于某人因为对银行的服务不满而将100元分100次、每次存入一块钱的方式长时间占用柜台服务，从而使该柜台无法为其他用户服务的案例。

DoS可能只有一个攻击者，DDoS就是多个攻击者同时发动DoS攻击，其攻击效果显然远超DoS。传统的DDoS攻击分为两步：先利用病毒、木马、缓冲区溢出等攻击手段入侵大量主机，形成僵尸网络，然后通过控制僵尸网络发起DoS攻击。

DDoS攻击可以对区块链本身发起攻击，使区块链成为受害者。另一方面，通常情况下，区块链网络中具有数以百万计的同时在线用户，这些节点提供了大量的可用资源，攻击者可以利用这些资源，依托区块链网络发动DDoS攻击。攻击效果将随着区块链网络中在线用户的增多而不断提升，例如同时在线用户为10万个，则意味着可能有10万个用户可以被用来发起DDoS攻击。这种情况下，区块链起着放大镜和帮凶的作用。

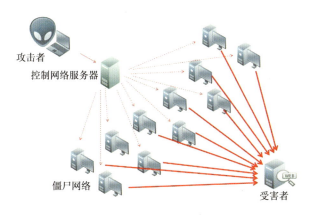

攻击者

控制网络服务器

僵尸网络

受害者

图8.3　DDoS攻击示意图

二、密码算法安全

区块链会用到对称加密和非对称加密两种方式，其中针对不同密码算法有不同的攻击方式：穷举攻击、生日攻击、量子攻击。

（1）穷举攻击

穷举攻击是非常古老和自然的攻击方式，通过不断尝试不同的密钥达到攻击目的。比如你要偷刷老婆的银行卡但不知道密码，你会尝试可能的密码：她的生日、孩子的生日、她妈的生日、她爸的生日、宠物的生日、她前任的生日等。虽然绝大多数情况下密码算法的强度足以抵御穷举攻击，但在量子计算机出现后就很难说了。

（2）生日攻击

生日攻击与哈希函数有关。前面提到哈希函数存在两个不同的输入可能会有相同输出的情况，这称为碰撞。一个负责任的哈希函数是不允许出现这种情况的（绝对不出现是不现实的，只能减小出现的可能性）。要想减小碰撞的可能性，必须扩大哈希值的长度。比如哈希值长度为10的话，1025次就可能发生碰撞，但如果长度变成20的话，要1048577次才可能发生碰撞。但是不幸的是，发生碰撞的可能性远比我们想象的要高。

生日悖论里提到在一群人中，如果要求两个人的生日相同，最少需要多少个人？你会脱口而出"当然是366个人"，毕竟每个人生日可能在不同的一天。当然也可能比366个人要少，比如100个人。但其实有计算表明只需要23个人就可以了。以我所在的团队为例，不到15个人，就有6个人的生日两两相同：3月17日一对，4月12日一对，7月31日一对。

区块链中用到哈希函数的地方有多处，比如利用哈希函数计算交易摘要信息，以便在有人篡改交易数据后，能够通过篡改前后交易数据哈希值的不同而及时识别出发生了篡改，这就是区块链的防篡改机制。攻击者想篡改交易数据的话，他可以尝试去找到一个伪造的交易数据，其哈希值正好与当前某个正确的交易数据的哈希值相同。采用生日攻击，攻击者不需要尝试太多的次数，就可能得到想要的伪造交易数据，使得交易数据被篡改后无法被人察觉。

（3）量子攻击

RSA算法通常会被认为是安全的，虽然它的安全性还没有得到严格证明，而质数分解也还没有找到有效的解法。但这是基于传统计算机的计算能力，在量子计算机中，传统上需要花费大量时间才能解决的问题会变成小菜一碟。神威·太湖之光超级计算机，破解一个1024比特的RSA算法密钥（目前比较常见的长度）也需要5457560年。而采用Shor算法来破解1024比特的RSA算法密钥，大概只需要1.4×10^7秒，大概就是160天。

三、共识安全

针对区块链共识的攻击主要有51%算力攻击、双花攻击、自私"挖矿"等。

（1）51%算力攻击

如果区块链采用PoW共识机制，当攻击方掌握了超过全网51%以上的算力，他就比其他方更容易"挖矿"成功，或者说更容易在共识中脱颖而出，这样攻击者就有更多的机会将交易打包到区块，再挂接到区块链上。既然打包权在攻击者手上，他就可以随心所欲地决定哪些交易可以被打包，哪些交易可以被忽略，带来的后果就是有些交易可能长时间没有被打包获得大家的确认。

当攻击者的算力超过其他"矿工"算力后，他很容易就能够影响其他"矿工"的成功率，这样久而久之，其他"矿工"就没有"挖矿"兴趣了，"挖矿"集中到攻击者手中，原来的非中心化变成了绝对中心化。

虽然51%攻击需要攻击者具有超过全网51%的计算能力，但前面提到过日蚀攻击，在这种攻击下，攻击者实际上可以用远小于51%的计算能力实现攻击。

51%攻击并不是万能的，有些操作是没法完成的，比如攻击者没法篡改他人的交易记录，因为他没有相应的密钥。他也不能伪造加密数字货币，篡改区块历史数据和将其他节点的币非法转给自己或他人，因为这些操作不会获得其他节点的确认，这样就没法形成共识，将攻击者产生的区块挂接到链上去。

但是51%攻击有一个能够马上见效的攻击方式——双花攻击，从而实现把一元钱当作两元钱花出去。

（2）双花攻击

双花攻击有多种方式，我们简要介绍一下基于51%攻击的双花攻击的一种形式。在51%攻击下，攻击方具有很大的优势能够获得区块链的交易打包权，这时他可以选择哪些交易被打包到区块中，这就为他作弊提供了方便。比如，攻击者先向某个商家支付10个比特币用来购买商品，商家会在区块链上查询这笔转账是否可行，即攻击者是否有10个比特币。查询结果是有这么多，于是商家将商品卖给攻击者（谨慎一点的话，商家应当等待转账共识后再卖），区块链上产生了一条转账10个比特币给商家的交易记录，但这条记录还未被打包确认。攻击者故技重施，向另一商家支付10个比特币购买商品同样得逞。打包时间到后，攻击者可以有选择地只打包一条交易记录，生成区块全网广播以便共识，而让另一条交易记录一直处于未打包状态，使另一个商家长期处于无法收到比特币的状态。

这主要是因交易与交易确认之间存在时间差产生的，其实现实生活中也同样存在双花的情况。比如你在楼下的超市和饭馆记账购物和吃饭，约定月底结一次账，超市和饭馆老板不可能每次记账的时候都去查你银行账户余额，因此月底结账的时候很可能超过你的支付能力。

（3）自私"挖矿"

自私"挖矿"的详细过程比较复杂，这里给出一个简要版本。区块链上可能存在两种类型的节点——诚实节点和自私节点。诚实节点一旦在区块链中挖到矿，就会按规则生成区块提交给链上的其他节点以便形成共识，从而获得奖励。自私节点是攻击者所在的节点，他在挖到矿后并不急于声张，埋头继续挖第二个矿。当某个诚实节点公开它挖到的矿并在网上形成共识，攻击者一下抛出两个区块，从而使区块链产生分叉。因为攻击者所在的分叉比诚实者的分叉要长，于是其他节点就纷纷转到攻击者的分叉上继续"挖矿"。诚实节点所在的分叉就被废弃掉，他挖出的矿就没人确认从而被抛弃掉，也就没有收益，同时诚实节点白白浪费了自己的计算能力，竹篮打水一场空。

这种做法有点损人不利己的味道，毕竟自私节点的两个矿也是他自己辛辛苦苦"挖"出来的，他只是让诚实节点没有获得"挖矿"的收益。但是，随着其他"矿工"纷纷转向自私节点所在的"矿池"，自私节点的后续收益就可以显现了，因而自私节点可以通过"矿池"分成获得收益。

　　隐私问题按理应该划归到安全问题中，但隐私现在越来越受到民众的重视，所以我们单独讲讲区块链中存在的隐私问题。

　　区块链中的隐私可以粗略地分为身份信息隐私和交易行为隐私。前者主要是指你的真实身份在区块链上受保护，不会公开。因为在区块链上用户使用账户地址作为用户名，账户地址实际上是通过用户的私钥经过多次复杂的转换后生成的，与节点在物理世界的身份不能明显地对应上。但恶意者可以利用大数据分析，再加上一定的推理，就能在很大程度上确定用户的身份。现实生活中的很多细节往往会透露有用的信息，比如有次我接到一个电话，号码很陌生，没在通信录中但又觉得在哪里见过。于是我在手机上搜索短信看有没有这个号码，没有。我又在微信聊天记录中搜索，也没有。但在微信里搜索时出现的联系人会随着输入手机号位数的变化而不断变化，因为有人会将手机号作为微信号，或者在自选微信号中放入手机号。这启发了我，虽然没有找到完全包含这个号码的微信号，但通过查看微信通讯录中每个人的微信号，发现有位很少联系的同学的微信号中包含了陌生号码的后面几位。Bingo！找到了，他不小心在微信号中泄露了真实身份。这就是一个简单的通过数据分析找到真实身份的例子。同样，通过分析朋友圈中暴露的信息，也可以在很大程度上确定一个人的真实身份。

交易行为隐私有可能比身份隐私更为重要，这直接与你拥有的数字资产相关，比如你有多少比特币。如果仅仅只是比特币的交易还相对好点，毕竟只是数字货币，但如今区块链已经在很多领域（如银行等）中得到应用。问题来了，区块链中的交易信息可能会涉及你的实际资产，这比起数字资产来说敏感度更高。如果区块链记录了你的消费行为、生活轨迹等数据的话，你可能会陷于无止境的骚扰中，就像我几乎天天接到卖房、装修和换车的中介电话一样。如果别有用心的人知道了你的生活轨迹，就可能对你的人身安全带来威胁。

区块链中隐私问题的复杂性在于，链上的数据是公开的、不能删除的、无法篡改的。这就意味着一旦出现隐私泄露问题，便没法通过删除数据的方式来挽救。这就好比报纸上不小心刊登了某位明星未成年孩子的照片，明星认为孩子有潜在的人身安全问题，但已经发行的报纸不可能完全收回销毁。相比之下，如果是网页中出现这个问题还相对好处理一点，毕竟只需要在服务器上删除这个网页即可，但如果有人已经下载了这个网页或者照片的话，问题还是没有解决。相比报纸或者网页来说，区块链在这个问题上几乎完全没办法解决。

一、加密数字货币的地位

2013年12月5日，中国人民银行、工业和信息化部、中国银监会、中国证监会、中国保监会联合发布的《关于防范比特币风险的通知》指出，比特币"不具有法偿性与强制性等货币属性，并不是真正意义的货币"，同时明确了"依据《中华人民共和国电信条例》和《互联网信息服务管理办法》，提供比特币登记、交易等服务的互联网站应当在电信管理机构备案"。显然我国对以比特币为代表的加密数字货币持不支持态度，并且不认为其是可以流通使用的货币。

从世界范围来看，以美国为例，2014年6月加州通过AB-129法案认可包括比特币在内的数字货币在加州具有合法性。2015年1月，Coinbase公司创建的第一家获得许可的美国比特币交易所开业，这标志着比特币交易在美国逐步走向合法化。2015年6月，纽约州认可比特币，开始对比特币的存储、转账、兑换、兑付等环节进行监管。2017年5月，西弗吉尼亚州将比特币等虚拟货币定义为一种"金融工具"。2017年7月，加密货币交易平台运营商LedgerX 获得美国商品期货交易委员会（Commodity Futures Trading Commission，CFTC）的批准，正式成为一家受美国联邦监管的合法虚拟货币交易所及衍生品合约清算所。显然,美国政府对加密数字货币持相对宽容的态度。

欧盟对加密数字货币持相对消极的态度,包括德国、法国等在内的大多数欧盟国家不承认比特币的货币地位,但也暂不对其进行监管。德国将其看作一种银行条例下的金融工具,虽不是货币,但可以用于多边结算。德国的一些公司已开始用比特币支付员工薪水,但是由于比特币在德国不是法定货币,所以依照德国的法律及相关判决,用比特币最多可支付员工薪水的25%,而且员工也可以拒绝接受比特币。法国则明确了用虚拟货币购买真实商品和服务是违法的。西班牙将比特币视为一种"电子支付系统",从而受电子支付业务许可的限制。卢森堡证券金融监管委员会(CSSF)认为,当有足够多的人以加密货币作为交易的支付手段时,就可以把加密货币看作一种法定货币。2017年12月15日,欧盟委员会表示,欧盟各成员国议员已达成协议,将对比特币和其他虚拟货币的交易平台采取更严格的规定,禁止在虚拟货币平台上进行匿名交易和使用预付费支付卡,以杜绝洗钱和恐怖主义融资。

显然,从世界范围来看,各国政府都未能明确以比特币为代表的加密数字货币的法定货币地位,这牵扯到发币权的问题,毕竟不能由个人或组织任意发币,这涉及国家主权和金融安全,不可不慎重。

二、智能合约的法律问题

另一个引人关注的焦点是智能合约涉及的法律法规问题。首先,智能合约是采用计算机程序设计语言书写的程序代码。虽然《中华人民共和国合同法》(以下简称《合同法》)允许双方选定所用的合同语言，但计算机程序设计语言是不是合法的语言仍然存在争议。何况，将自然语言转换成程序设计语言，将自然语言逻辑转换成程序逻辑，这中间是否存在确定的、无异议的对应关系，也存在疑虑。现实生活中，我们可能接触过诸如中英、汉藏、汉蒙等双语甚至多语的合同，但一部分是自然语言，另一部分是程序代码的合同似乎还很罕见。更不要说如果某个智能合约缺失了源代码，只剩下编译后的二进制代码，如何才能认定这一连串的0、1具有明确的意义？更为复杂的是，在不同硬件平台下，同样的二进制代码含义可能完全不同，这又如何认定？

其次，智能合约执行过程中出现法律问题该如何解决？以贷款汽车收回为例，如果智能合约真的不管汽车当前是否处于行驶状态，或者智能合约也不确定汽车的当前状态而强制熄火锁车，由此带来的财产损失和人员伤亡责任应该怎么界定？智能合约需要承担责任吗？责任方是智能合约所涉及的当事人呢，还是提供智能合约的区块链呢？

另一个需要考虑的问题是，智能合约是否具有和合同一样的约束力。传统的合同受《合同法》的保护，合同条款显然对双方都具有约束力。在智能合约被认为与传统合同具有相同的法律地位之前，我们也许只能将其看作一种计算机程序，也许可以参考计算机程序的法律地位判断其约束力。

三、公开与保密的关系

2018年5月25日，欧盟《通用数据保护条例》（General Data Protection Regulation，GDPR）正式生效，GDPR不仅适用于欧盟内的组织，而且适用于欧盟之外向欧盟数据主体提供商品、服务或监控其行为的组织。只要某组织有处理和存储居住在欧盟境内的数据主体的个人数据的行为，无论公司位于世界上哪个地方，都会受到GDPR的管辖。GDPR保护"个人数据"，包括任何与可参考某标识直接或间接被识别的可识别人的有关信息。除此之外，GDPR对数据主体权利的保护也十分严格，规定了数据主体享有"数据被遗忘权"和"数据可携带权"等。

区块链在这里有两个方面涉及GDPR：对"个人数据"的认定和"数据被遗忘权"。先看区块链中的"个人数据"，GDPR的定义是，任何已识别或可识别的自然人（"数据主体"）的相关信息。一个可识别的自然人是一个能够被直接或间接识别的个体，特别是通过诸如姓名、身份编号、地址数据、网上标识或者自然人所特有的一项或多项身体性、生理性、遗传性、精神性、经济性、文化性或社会性身份识别的个体。

区块链上的数据主要是交易数据和账户地址，这都不会与个人直接发生联系，不会通过它们直接识别出个体来。但如果通过一系列技术手段，使交易数据和账户地址间接地与某个具体个体联系起来，具备识别的唯一性，这显然属于GDPR的定义范围。但事实上这很不好界定，例如现有的RSA算法具有很好的安全性，能够保证用户的匿名性，但随着量子计算机的出现，破解RSA算法的可能性变高了，就没法说用了RSA算法，所以能保护用户的真实身份了。

"数据被遗忘权"也称数据删除权，GDPR将"数据被遗忘权"定义为：数据主体有权让数据控制主体删除他的个人数据，停止数据的进一步传播，并有权要求第三方停止处理数据。删除的条件包括数据不再与原始处理目的相关，或数据主体撤回同意。

2017年3月，全国人大代表邵志清在第十二届全国人民代表大会第五次会议上提出加快制定个人信息保护法的议案，同时将《中华人民共和国个人信息保护法（草案）》作为附件提交。草案明确了9种个人信息主体享有的基本权利，包括信息决定、信息保密、信息查询、信息更正、信息封锁、信息删除、信息可携、信息被遗忘，依法对自己的个人信息享有支配、控制及排除他人侵害的权利。如果该草案成为正式法律，代表中国的个人信息保护将达到一个全新的高度。

无论是欧盟，还是中国，对个人信息的保护要求都直接和区块链的基本理念相冲突。还记得前面章节谈过的区块链的特点吗？数据存放在区块链上，数据无法被删除和篡改；区块链上的任何交易都是可追溯的，所有过程都是透明的。这是区块链的优点，所谓看得见的信任，但与个人数据保护就产生了冲突。当然，公开透明和隐私保护本来就是相互矛盾的，但这个矛盾在区块链这里就显得特别突出了。

当年纳米概念出来后，各种纳米"产品"漫天飞：纳米衣服、纳米袜子、纳米牙刷，仿佛什么东西与纳米结合后立马就脱胎换骨"高大上"起来。当然我们现在知道其中很多是商家为了博眼球的炒作。之后，商家们还炒作过石墨烯、互联网＋，目前轮到区块链了。

区块链更容易炒作，毕竟它几乎可以和所有领域相关，或者说只要是用到网络的行业都可能用得上区块链。于是，商家在炒作了"互联网＋"后，开始炒作"区块链＋"了。"今天，你区块链了没有？"出门要不说自己懂区块链都不好意思和人打招呼，名片上的公司名没有"链"或者"chain"都拿不出手。

一种是区块链传销。江苏省互联网金融协会在2017年4月就已经更新了《互联网传销识别指南（2017版）》，其中就新增了数字货币传销，指出传销分子利用投资人未能准确理解数字货币的情况来行骗。传销式数字货币的"交易行情"基本由特定机构控制，早期为吸引投资人投资，可能会将货币价格炒得很高，一旦时机成熟，机构就进行集中抛售，价格一落千丈，导致投资者血本无归，甚或机构直接跑路。于是社会上出现一堆各种数字货币：珍宝币、马克币、克拉币、摩根币……央视相关栏目就揭露了多达60

种的传销数字货币。

另一种区块链应用则略显无趣，当然其首创精神是很值得肯定的。比如某商家的"亲友链"，号称通过去中心化的微信等社交工具，可以将自己的日常活动与链上的亲友共享，使得大家的信息同步。不知道这和微信群里你给大家说你目前在干什么有什么区别。另外需要随时给链上各位亲友实时更新你的行踪么？这应该是粉丝链要干的，不过粉丝关心的只是明星，粉丝间的行动是不会关心的，也关心不过来啊，好几百万呢。所以这应当是个无趣的应用。也有脑洞大开的商家推出了"区块链冥币"、"区块链宠物"。

另外一些区块链应用看着要正常一些，乍一看是那么回事，不至于一眼就看出是在扯虎皮拉大旗。2016年，李世石与AlphaGo进行了直接对决，最后以1比4的大比分负于对方，人类智力游戏的最后一个堡垒也被AI攻下了。比赛失败的李世石转身就和韩国区块链公司Blockchain Inc.一起合作开发了基于区块链的围棋平台"GoBlock"。该平台致力于为所有参加围棋项目的人提供奖励，每个人都可以从中受益——从围棋运动员到联赛的支持者、观众和广告商。就算你是业余爱好者——甚至是初学者也没有关系，因为该平台将包含业余联赛并为初学者提供培训，最后平台还可以发布围棋比赛的记录。不知道区块链围棋的细节是怎样的，我们不妨猜测一下它的功能：大家也许可以在上面下棋比赛，每一步棋都无法反悔，因为节点间共识后就写入区块了；比赛获胜者可以获得也许是"围棋币"的奖励；区块链记录了你学棋、比赛的所有历史；区块链还可以保存很多棋谱，明晰各个棋谱的知识产权……这些功能看上去很好，但没有看出为什么必须采用区块链。当然用了区块链也没任何错，毕竟卖泡面都可以开一家泡面吧，也没看到对社会有什么危害啊！

看了上面这些区块链应用后，有人会觉得是泡沫，有人会觉得有创意，也有人会觉得区块链快被玩坏了，以后出门都不好意思说自己是搞区块链的。对于区块链到底该怎么玩，每个人都有自己的看法。从技术的角度出发，我们认为好的区块链应用必定是充分利用了区块链的特点，戳中了该领域的痛点。目前的很多区块链应用必要性不足，不是非得用区块链的方式，比如"围棋链"中的很多功能，普通软件也可以做到，以前我们在网上玩围棋也很开心。另一个问题是很多区块链应用需求似乎是闭门造出来的，现实生活中对这种需求也许没那么渴望。就像"亲友链"上我们真的有必要保存每个人的所有历史轨迹吗？必要性和需求都有了，区块链才能有它的真正价值。

第九章

长风破浪会有时：区块链的当下与未来

在很多人看来，区块链可以成为人类继蒸汽机、电力、互联网后又一次具有颠覆性的技术革命。蒸汽机放大了人类手脚的力量，提升了人类的体力，使我们能够

图 9.1　蒸汽机、电力和互联网时代

移动徒手难以移动的物体，扩大了我们在物理世界的活动范围。电力，以及与之相关的电子、自动化、计算机等，则提升了人类神经系统感知和控制的能力，使我们能够感知平时无法感知的东西，第一次具备了远程操控对象的能力，开拓了我们在物理世界的活动领域。互联网，以及相关的物联网、云计算、大数据等，则提升了人类大脑处理信息的能力，使我们获得了N个大脑，让我们进入了虚拟世界或者"平行宇宙"。区块链技术的出现则被认为是颠覆了互联网，改变了人类的组织模式和信任关系，对社会、经济等都带来了巨大冲击。

　　任何一次技术革命都伴随着憧憬和怀疑。蒸汽机时代，赞美者惊叹机器巨大无比的力量，反对者则认为机器发出的怪声惊吓了农场的牛羊。电力时代，赞美者感叹人类从此告别了黑暗的夜晚，反对者则不安于电力能够杀死动物。互联网时代，赞美者高呼其让世界流淌着信息，反对者则忧心隐私的泄露。区块链时代，赞美者和怀疑者都准备了足够的"弹药"，要么天堂，要么地狱。

　　传统地看，互联网的发展可分为所谓的 Web1.0、Web2.0 和 Web3.0，也可以分为基于 PC 的传统互联网和基于移动设备的移动互联网。其实无论是 Web1.0 到 Web3.0，还是传统到移动，本质上都差不多，我们都可以将其看作信息互联。

　　信息互联改变了人类获取信息的方式，实现了信息的共享和交互。从人类的发展历史来看，只要存在人群，就有信息共享和交互。原始人为了协同打猎，需要彼此共享猎物的信息和协调打猎行动，语言就这样产生了。这个时候的信息共享和交互是通过语言的方式实现的，作用距离短，作用时间不能持续。人类发明文字后，又可通过文字完成信息的共享和交互，使得信息传播的时间和空间范围更为持久和广泛。现代工业革命以来，信息还可通过电磁波的形式实现全球共享和交互，且范围更广、时效性更强、信息表现方式更丰富。

　　信息互联时代，信息变成了如同空气和水一样的基本需求，信息不再是少数人的专属。无论是信息的广度（信息涉及的领域）、深度（信息的详细程度），还是强度（信息出现的频度）都大幅增加了。获取信息的成本也大大降低了，甚至可能是零成本。

　　信息互联时代的信息类型主要是文本、视频和音频，实际上只是扩大了人类眼睛能够看到的、耳朵能够听到的范围。从感官的角度来说，还有一些类型的信息没法很好地被获知和处理，比如触觉、嗅觉、味觉等。也就是说，互联网关注的是显性的、能被我们听到或看到的信息，而很多隐藏的信息却无从感知。比如你就没法获得车轴的转速，也不知道机油的压力。另一个方面，信息互联时代关注得更多的是人与人之间的信息交互，而对现实世界中海量的、除人以外的物产生的信息关注甚少。这些是互联网本身不能解决的，所以提出了物联网。

信息互联网关注的主要是信息世界，但人类也尝试着将其与物理世界相连，实现对物理世界的感知和控制。比如将计算机与其他设备相连，从而获得相关信息，又可以通过各类接口实现对其的控制。这是一种松散的连接，紧密的连接则将计算机嵌入设备中，成为嵌入式系统。但这类控制系统相对比较专用和孤立，对环境变化的适应性较弱，智能化程度也较低。现代汽车就可以被看作一个计算机和发动机、变速箱、离合器等构成的嵌入式系统，但汽车就没法通过实时获得路面交通状况和天气状况来改变驾驶模式，这还得由司机自己决定。更不要说当你的车在行驶中出现故障后，你只能通过手工按下应急灯的方式告诉后车保持车距，而无法实现车与车之间通过网络自动实时交换信息。

车联网的出现在一定程度上解决了上述问题，但它仍然是一个局部系统，解决的只是车-车通信和协同的问题，并没有解决车和用车环境的问题。比如车并不能根据油箱剩余油量、所到目的地和前面各个加油站的距离，自动提醒司机应该在某个加油站加油，或者自动告诉司机剩余油量可以坚持行驶到目的地，目前这些只能由司机自己来判断。某次我在高速公路上判断失误，错过一个加油站后不久，油量低的报警灯就亮了，我在心惊肉跳、忐忑不安中熬到下一个加油站，正好油表指针归零。

物联网完成了"万物互联"，实现了信息世界与物理世界的无缝连接，提升了人类感知物理世界信息的能力，同时又提升了人类操作物理世界的能力。在物联网的帮助下，人类变得有点无所不知、无所不能了。就像无人车一样，能够实时感知和获取车辆及外部环境的各种信息，帮助我们及时做出最优决策，选择最优路径、避免交通事故、提供良好的乘车体验，快速、安全、舒适地将我们送到目的地。

从信息的主客观性来讲，互联网中的信息因为人更多地参与了其感知和获取过程，所以显得更为主观，它带来的问题就是真实性和准确性受到一定的怀疑。物联网中的信息更多的是由数据采集设备感知和获取的，人的参与程度较低，显得更为客观，其真实性和准确性更有保证。

利用信息互联网实现对物体的控制，实际上需要人的深度参与，人在其中往往起着接口和中介的作用。而物联网通过物－物互联实现直接的信息交互，尽量减少甚至完全避免人的参与，保证了信息交互的准确、高效和实时。在加油的那个例子中，虽然导航软件知道车辆离前面各个加油站的距离，但它没法知道车辆的油量信息，也就无法提醒司机。反过来，车辆知道油量信息，但不知道距离信息，也没法提醒司机。即使在这么小的物理空间里，导航和车辆分别处于两个互不共享信息的孤立系统，需要人参与才能将两个系统结合起来。于是，我们一边开车，一边关注油量和续航里程，然后还要关注离加油站的距离，脑袋里紧张计算着，判断是不是应该在前面的服务区加油了，同时还得考虑是不是要关掉空调、避免急刹来尽可能地省油。

信息互联和万物互联之后，很多人认为是价值互联，相应地把互联网和物联网后的网络称为价值互联网。所谓价值互联网，就是人们能够在互联网上，像传递信息一样便捷、低成本地传递价值，尤其是资产，而无需任何第三方媒介。严格地讲，价值互联网并不是新的互联网，也不是互联网和物联网的升级，只是在上述网络中附加了价值传递的属性，甚至可以认为是上述两种网络在价值传递方面的应用。

早期的价值互联网可看作金融机构基于传统的互联网来开展相关业务，比如网上银行、第三方支付、互联网金融等。要在网上实现方便快捷、安全可靠、低成本地传递价值，必须要求信息可记录、可追溯、可确权、可定价、可交易，而在传统互联网中，并不能很容易地实现信息流通过程的上述要求。

我们看看区块链是否可以满足上述要求。

①可记录。区块链可看作一种分布式数据库，虽然它和常见的关系型数据库不太一样，但数据存放在区块中。前面讲过，共识完成后，获胜节点将打包当前的所有交易记录，生成区块，然后链接到区块链上。这就是对交易过程和交易信息的记录，并且记录按时间顺序进行了排序。

②可追溯。区块链的链式结构保证了能够在链上实现向前或者向后的数据查询。

③可确权。区块链通过公钥密码体制，保证了资产的唯一所有权，即表明资产的所有者。通过共识机制，保证了竞争胜利者能够按系统设定获得对资产的所有权，如比特币"挖矿"共识完成后，胜利者获得系统奖励比特币的所有权。利用可追溯、防篡改、

可记录的分布式账本,保证了对所有权历史的溯源。

④可定价。区块链的共识机制就可完成资产的定价过程,也可以消除对定价的异议。

⑤可交易。区块链显然是为交易而生的,共识机制就是为了选择优胜者对交易信息进行打包上链。为了保证交易的正常秩序,区块链可利用一系列的技术和措施,如密码机制、共识机制、智能合约,实现可信、安全的交易。

第二节_____看得见的信任

　　信任是个十分庞大的话题，此处不准备对信任的来龙去脉、本质、属性等发表长篇大论，这可能涉及哲学、经济学、心理学、社会学、数学等，有兴趣的读者可以参看相关书籍。我们简单地把信任看作是对交易过程所涉及的数据、实体、过程真实性的信赖，或者说最终交易数据、实体和过程符合我们的预期。

　　从信任过程的参与方数来看，我们比较熟悉三种信任方式：双方信任、三方信任和多方信任。双方信任是指交易双方之间在没有第三方参与的情况下自行达成信任，这种信任方式最简单，也是我们最常采用的。传统的交易过程中，买卖双方通常采用的是一手交钱、一手交货的双方信任方式。

　　三方信任最常见的是网上购物。在某宝上购物后，我们并没有直接把钱付给商家，而是付给了某支。在一定时间内，如果交易有纠纷的话，买家是可以合法合理地得到退款的。而卖家也可以放心地先发货，不用担心收不到钱，因为某支在约定时间到来后，会自动将货款转给卖家。这种情况下需要第三方有足够的公信力，值得大家信任。

　　双方信任时，需要双方到场，不适合远程和网上交易，并且对双方的鉴别能力都提出了高要求，否则要么买家收到假货，要么卖家收到假钱。三方信任的第三方也不是活雷锋，可能要收取一定的费用，并且如果第三方没有监督的话，它要是作恶，整个信任体系就崩溃了。这两种信任方式下信任成本和风险都不低。

多方信任针对的是如何在一个由互补信任个体构成的群体中达成信任关系，个体多，个体之间的信任关系就更复杂。信任关系之间不能相互传递，比如A信任B，B信任C，但A不一定信任C，所以不能简单地把双方信任或三方信任简单推广到多方信任中去。通过前面的共识机制，我们就知道为什么多方信任那么困难了。多方信任的困难在于需要在有限时间内让大多数节点达成信任关系，这样才能保证整个系统正常运行。

（1）机器信任

工业革命之前的人类社会，是典型的基于人的信任。所以忠诚，尤其是对主人的忠诚，甚至是"愚忠"，是被当时的社会所赞美和推崇的，而叛徒和背叛通常是为人所不齿的。

工业革命在人类历史上第一次将信任方式从"基于人"变为"基于机器"。我们可以通过电话来约定事情，是因为我们相信电话能够清晰地将我们的话传递给对方，不会引起误解；我们坐火车出行，是因为我们相信火车能够准时、安全、快捷地将我们送到目的地；我们将照片作为证据，是因为我们相信照片真实地记录了当时的场景（当然，计算机发展如此迅猛，使得"P图"成为现实，于是照片也不能完全相信了，"眼见不一定为实"了，更不要说虚拟现实技术了，但至少在这些技术出现之前的照片还是可信的）。虽然深究上述设备和技术，背后还是有人的因素，但人只是间接而非直接因素了，并且在绝大多数情况下，机器比人更值得信任。

2014年世界杯，国际足联在比赛中引入门线技术，帮助裁判判断足球是否已经整体越过球门线，减少了将进球吹掉的误判。2018年引入的视频助理裁判，让主裁判能够对场上任何一个细节了如指掌，不会出现严重的可能引起关乎比赛结果的误判，"上帝之手"几乎不会出现了。更不要说网球比赛中早就用到的鹰眼技术、田径比赛中用到的电子计时技术等，这些技术提升了比赛的公平性，使运动员和观众更关注比赛本身。在这些场景中，机器能够比人更好地解决各种纠纷，作为一种辅助（也许是主要的）手段，保证了整个过程和结果的可信，使得"有问题问机器"成为我们的共识。

图9.2　门线技术、视频助理裁判和鹰眼技术

我们信任机器，是因为我们认为通过对物理定律的深刻理解，按照一定结构构建的机器，能够按照设定的流程运行起来，实现比人更为精确和高效的感知和控制，具备更好的容错能力，运行结果是可预测和可重复的。这本质上是对人类自身的信任。

（2）代码信任

计算机的出现，使得我们从信任各种机器，变成了只需要信任一种机器——计算机。虽然计算机由多个机械或者电子部件构成，但起决定性作用的是程序代码，正是程序代码才让计算机具有强大的能力。我们对计算机的信任实际上是对程序代码的信任。

在一部经典电影《卡桑德拉大桥》中，当局想让火车通过卡桑德拉大桥，利用桥坍塌后的猛烈撞击引起火车爆炸来消灭致命病毒和被感染者。在有人质疑桥的安全性时，下令的军官信誓旦旦地说，"电子计算机算过，桥不会塌！"实际上他在掩盖会塌的真相。这很典型地反映出人们对计算机（程序代码）的无比信任。

代码的特殊性在于它是人类思维的电子化表达，可以将其看作人在虚拟空间（Cyber Space）中的活动。代码虽然是人编写的，但代码编写完后会经过严格的测试以保证执行逻辑的正确性，一旦代码执行起来，人是无法随意控制的，尤其是恶意执行。这就好比在玩老式的电子游戏时，你可以通过操控杆控制屏幕上的飞机乱飞，但终究飞不出屏幕的边界。代码已经将人的随意性和恶意降低到一个很低的水平，并且相对于机器来说，计算机出错的概率要小得多。

从另一个角度来说，利用代码作恶也是很容易的。十多年前的地方新闻上说，有家房地产商利用计算机进行抽号购房，结果中途发生故障，房地产商说重新开始抽号，引起抽中人的强烈不满。房地产商承诺抽到的号保留，重新开始抽剩下的号，平息了暂时的纠纷。重新抽号进行没多久，大家发现有猫腻了，第二次抽号的前十多个号和第一次的一模一样！这显然是在程序代码中做了手脚：要么是将前十多个号写在了程序代码里，要么就是将其写在了数据库中。利用人们对计算机（程序代码）的信任，可以很容易地作恶。另一个常见的程序代码作恶的例子就是计算机病毒，我们对它造成的危害早有深刻体会。

对程序代码的信任其实是双刃剑，因为信任它，所以我们设计开发了海量软件系统，提升了我们的决策能力和工作效率；因为信任它，别有用心者设计了恶意程序和软件，利用了我们的信任，使得我们蒙受巨大的损失，也损害了我们对程序代码的信任。

我们听过很多区块链的传说：区块链是可信任的机器；区块链无须信任；区块链实现了从信任人到信任程序代码的转变；区块链重新定义信任……这里面都涉及一个关键词：信任。这也是现在对区块链赞美最多的一个方面。下面我们从身份信任、数据信任和交易信任三方面来谈谈区块链中的信任。

（3）身份信任

也许我们都收到过类似这样的短信："我是××医院急救科护士，你的家人现在医院抢救，急需你将住院费打到医院账户……他的手机没电关机了，我用自己的号码给你发的短信。"情急之下，你可能就相信了对方，把账转给对方了，但冷静下来后你就会怀疑事情的真实性了。现实生活中我们用来快速、准确地识别对方身份的办法并不多，特别是在非面对面、远程的情况下。我们可能会采用让对方提供一条只有双方才知道的秘密信息，来确认对方身份的真实性。就像你在打信用卡热线修改密码时，接线员可能需要你提供除了身份证号外的一些其他非公开信息，以验明你的身份。但这种方式非常不保险，你认为的非公开信息其实很容易被人猜出来。

区块链采用了公钥密码体制来解决身份信任的问题：交易双方都有自己的私钥和公钥，私钥是无论如何都不能说的，公钥是众所周知的。公钥密码体制的数学性质保证了在已知公钥的情况下几乎不可能推出私钥，这就保证了私钥的安全性，并且使公钥和私钥一一对应。这样交易双方在收到对方通过私钥加密后发送的信息时就只能通过对方的公钥解密信息，从而确定信息发送方的真实身份，进而实现身份信任。

（4）数据信任

虽然区块链可以被看作一个数据库，但它和传统的数据库不太一样。传统数据库可以做删除和修改操作，区块是通过共识机制，由优胜者生成并链接到区块链上的，一旦上链就没法删除，因此区块链中的数据通常只增不减。在不考虑恶意攻击的情况下，区块链上的数据也不容易被篡改，毕竟有多重机制保证：所有区块都是公开的，对数据的修改都会被其他人发现；哈希计算保证了对数据的任何修改都可以被识别出来；身份信任也保证了没人敢故意作恶，因为很容易追查到是谁在作恶。所以，区块链上的数据在很大程度上是可以被信任的。

（5）过程信任

交易信任包含多个要素：身份信任、数据信任和过程信任。身份信任确保交易双方是真实可信的，数据信任确保交易结果是正确无误的，过程信任则是确保交易过程合理合法。

现实生活中可能存在这样的例子：为了确保在招标时某家公司中标，几家公司可能会私下串通，相互泄露标底以确保该公司中标，然后再私下分配利益。这是典型的合谋攻击，招标过程可能是无懈可击的，但招标结果会令人怀疑，在合谋方不泄露秘密的情况下，这种攻击很难发现。这个例子中，招投标双方的身份是真实的，标的是真实的，但过程是不可信任的。

通常这种情况不大可能在区块链上出现，区块链采用的共识和确认机制在很大程度上可以防止类似事情的发生。当然攻击者可以利用51%攻击来达到目的，但这样做成本和代价太高，可能得不偿失。由于区块链上所有交易都要经过共识和确认过程，整个交易过程是透明的，所以区块链上的绝大多数交易都是可以信任的。

区块链是典型的多方信任，它的神奇之处是将一群之前毫无信任关系的节点汇集起来，通过公钥密码体制、哈希计算、共识机制让链上的大多数节点建立起信任关系，从而保证了交易中的身份信任、数据信任和过程信任。我们之所以说区块链是"看得见的信任"，是因为链上的交易具有透明、防篡改、不可删除等特性，基于代码信任的智能合约又让我们对区块链的公平公正抱有信心。

　　19世纪的最后一天，欧洲著名的科学家们欢聚一堂。会上，英国著名物理学家威廉·汤姆森（即开尔文勋爵）发表了新年祝辞。他在回顾物理学所取得的伟大成就时说，"物理大厦已经落成，所剩只是一些修饰工作。……它美丽而晴朗的天空却被两朵乌云笼罩了"。在此，我们借用这一比喻：在区块链曙光乍现的天空中，出现了几朵乌云，给人东边日出西边雨的感觉。

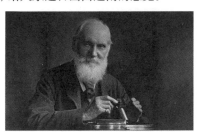

图9.3　威廉·汤姆森

一、数据一致性

　　2018年的疫苗事件发生后，有人提出将区块链应用到疫苗的各个环节，以保证疫苗的安全：可以给每支疫苗贴上RFID，疫苗从生产、质检、入库、出库、流通、使用等各个环节的信息都记录在区块链中，保证了从生产到接种全过程的疫苗信息是真实有效、未经篡改的。

这看上去很美，确实无法从数据上造假。但是存在一个问题，RFID上的数据怎么来的？它的真实性怎么保证？疫苗事件中，疫苗从出厂到疫苗注射点全程都是可控的，出的问题恰恰是在源头上——生产数据造假。

另一个关于农产品溯源的案例是，将农场、农户、认证机构、食品加工企业、销售企业、物流仓储等都加到区块链上，每个环节的信息都可以在链上查询到，利用区块链的可追溯、防篡改特性来保证信息的真实性，从而实现有机农产品的全程监控。这个案例中，怎么就保证了农产品是有机的？是听农户说，还是听农场主说，还是听认证机构说？区块链本身没法保证农产品是有机的。

我们完全可以认为这个问题超出了区块链的范围，用一句"上帝的归上帝，凯撒的归凯撒"就可以解释过去。或者，用"区块链至少解决了上链后数据的可信度问题，比起很多流通环节数据都没法信任的情况进步太多了"来说明区块链还是有用的。但这种解释多多少少不那么理直气壮，就像某下载软件说它只是提供了一个下载工具，上面可以下载什么它也管不着；某电商平台软件说它只提供了一个客户端工具，上面拼购什么它也管不着一样。

从用户的角度来说，他们认为既然我选择了区块链，就是对区块链上的所有信息都信任，区块链应该提供了从源头到用户端的一揽子信任解决方案。现在你告诉我们说过程是可信的，数据来源我不保证，用户非得急了。这就像大家看电视和报纸上的广告一样，觉得既然是知名电视台和报纸，上面打的广告肯定没有假的，殊不知电视台和报纸说我们只管打广告的手续是否齐全，不负责验证打广告商品的真伪。或者饭馆说炒菜的过程肯定是卫生干净的，你看我厨房窗明几净，厨师都穿着白衬衫打着领带炒菜呢，但是购进的菜是不是卫生干净的我不保证。

区块链起源于比特币，却又和比特币有很大不同，比特币中的信息，比如比特币交易转账信息，都是内生性的，几乎不会从外部输入。区块链在不同应用领域中信息来源不同，多数情况下需要从外部输入，如果没法验证输入数据的正确性，区块链应用的实用价值就大打折扣了。从某种程度上来说，区块链还不如快递员那么负责任，快递员在投递快递件的全过程中都会保证快递件的真实、完好：揽收快递件的时候会检查，运输过程中会确保安全，用户签收的时候也会让用户检查确认。

二、智能合约

2018年世界杯期间，大家在群里竞猜重点场次的胜负结果，输的人请赢的人吃饭，最终有人累积了5顿饭需要请大家，可一直没有请，看来要不了了之了。类似的大赌局我们也见过，比如赌一亿元看谁的单位在规定时间内营收和盈利最高，当然结果也往往是不了了之。为了解决没人请吃饭问题，我们想到了区块链：群里的人都加入区块链，建立比赛结果竞猜智能合约，一旦比赛结束就自动触发智能合约，由输家请客吃饭。

这看上去很美，没人会逃脱请客吃饭的责任了。但是这仍然有很多问题需要解决：比赛结果智能合约是怎么知道的？智能合约怎么让输家请客吃饭？前一个问题可以通过手工输入比分结果来解决，但这就不智能了。后一个问题总不能由智能合约押着输家去请客吧，估计也就是不断地在群里弹出消息：该你请客了！当然聪明的读者会想到，先把请客的钱放到一个账户里，智能合约再从该账户把钱转到赢家账户就可以了。这确实能够解决一点问题。

在疫苗事件中，我们是否也可以设立一个智能合约，一旦疫苗出问题，智能合约自动将赔偿款转到各个受害者账户中。这看上去也很美，但智能合约怎么知道疫苗出问题了？还是需要有人告诉它。

看上去，智能合约的作用范围就只能在区块链中，离开区块链在没有其他系统的帮助下，智能合约是起不了作用的。这给甚嚣尘上的"智能合约包治百病"的应用论调泼了冷水。所以，智能合约要真正智能、有用，必须解决两个问题：触发条件的自动获取和有实际意义的执行结果。否则就不能称为"智能合约"，最多称为"触发—响应"机制，或者条件判断逻辑。

三、去中心化

区块链中经常提到的就是所谓的"去中心化"。着迷者将其理解为无中心化，认为这能够解决目前中心化带来的所有问题，甚至上升到能够改变整个人类社会的组织形式，深刻影响人类生活方式的高度。

我们并不认为去中心化或者无中心化就是人类社会的发展方向和趋势，中心化的产生有着复杂的原因，并不是所有场景都必须要去中心化或者无中心化，去中心化或者无中心化就一定会比中心化更能解决问题。彻底的无中心化可能会导致共识效率极其低下，甚至没法在有限时间内完成共识，实际上会降低区块链的可用性。另一个问题是它可能会带来新的中心化。

比特币高喊着去中心化，标榜人人都能参与"挖矿"，在初期它确实实现了无中心化，因而吸引了很多"挖矿"者。但随着对计算机能力要求的急剧上升,"挖矿"慢慢集中到拥有巨大计算能力的少数矿场了,普通人根本就没机会"挖"到"矿"。比特币想避免中心化,但尴尬的现实却是它带来了另一种中心化。网约车公司让大家打车不再必须通过出租车公司,去除了出租车公司的中心垄断地位,但它自己又成了新的中心,使得大家网上约车只能通过它。

四、共识机制

区块链另一个让大家着迷的地方是它的共识机制,或者说共识机制体现的人人参与的理念和原则,这是去中心化的基础。人人参与共识其实是不现实的,并不是所有参与者都能够真正理解需要共识的事务,有的事务可能需要更为专业的知识。这就好比保险代理给你推销保险产品,产品说明书给你看了,保险代理也给你做了解释,但你对上面堆砌的保险术语似懂非懂,虽然当面达成了共识,购买了产品,最后你会发现可能与你想象中的不完全一样。

共识机制让专业和非专业的人士达成共识,这可能会带来一些问题:非专业人士没法理解专业问题,可能会出现人云亦云的情况,实际上将共识权力交给了专业人士,带来了事实上的"中心化";由于非专业人士无法判断,举棋不定,造成共识效率低下,降低了区块链的整体效率;非专业人士随意的共识行为使得共识结果质量不高。

显然,共识机制仍有改进和提高的需要,但是共识效率和共识结果公正方面可能是一对矛盾,无法同时解决,这与特定应用环境有关。

第四节 _____ 一个好汉三个帮

　　无论是区块链数据的来源，还是触发智能合约所需要的条件，都需要有外部系统能够向区块链提供数据。而要让区块链中智能合约更有实用价值，也需要与外部系统交互。就像世界杯竞猜那个例子，智能合约应当自己到网上去收集比赛结果数据，从而自动触发合约。同时，区块链应当可以和银行系统交互，能够操作银行账户，实现将输家账户上的钱转账到赢家账户中。外部系统也可能在不同的区块链上，因此，实现各类外部系统和链之间的数据共享和跨系统（链）操作，是保证区块链值得信任和真正有用的基础。这不大容易实现，毕竟在互联网中还存在很多信息孤岛，很多系统之间也不能交互。

　　我们看个区块链冰箱的例子：当智能冰箱作为一个节点链接到区块链上后，它就不仅起着存放食物的作用，还应当是家庭营养管理中心。它会根据主人当前的身体状况和医生制订的营养食谱，自动管理和记录冰箱中食物种类和数量。由于数据是不可篡改和可追溯的，医生可以根据食品消耗的历史记录决定后续的营养建议。比如，医生建议这段时间需要高蛋白低脂肪食物，多吃瘦肉、鸡肉、鸡蛋和豆类。冰箱应当能够通过感知瘦肉、鸡肉和豆类的重量和鸡蛋数量来实现自动判断目前上述食品的剩余量，而不需要主人每天手工输入剩余量。这需要冰箱中或者菜板上有相应的传感器，能够感知不同食物的重量，从而在厨房中构建起一个包含冰箱、菜板，甚至炒锅的物联网。当某类食物不足时，冰箱上的智能合约应当被触发，从而自动向超市订货，获得食物补充，同时连接主人的银行账户，向超市转账。这需要冰箱与超市和银行系统联通，具有相应的操作权限。更进一步，冰箱应当与马桶、床垫相连，自动获得马桶传过来的各种大小便指标数据和床垫传来的睡眠监控数据，并将其上传到医生处，这一过程须引入密码技术以确保双方身份的真实性并保护主人的隐私。在获得医生的建议后，智能冰箱自动调整主人的食谱。冰箱也可能通过某种共识机制，参与到"挖矿"中来，从而赢得超市提供的购物优惠券；或者，在发生食品安全纠纷时，通过共识和验证机制，向监管部门提供数据。

在这个例子中，如果没有物联网的帮助，冰箱无法获知当前食品余量，无法监测主人的身体状况；如果不与医疗健康系统联通，冰箱也不能向医生发送健康数据和从医生处接收健康建议；如果不与银行系统交互，冰箱也没办法向超市账户转账。所以，离开外部系统的支持，区块链就没那么神奇了，只能退化成一个分布式防篡改、可追溯的数据库了。"我们的目标是星辰大海"，区块链的志向显然不只是个分布式数据库。

信息物理系统（Cyber-Physical Systems，CPS），是一个综合计算、网络和物理环境的多维复杂系统，通过3C（Computing、Communication、Control）技术的有机融合与深度协作，实现大型工程系统的实时感知、动态控制和信息服务。CPS实现计算、通信与物理系统的一体化设计，可使系统更加可靠、高效、实时协同，具有重要而广泛的应用前景。CPS通过人机交互接口实现和物理进程的交互，使用网络化空间以远程的、可靠的、实时的、安全的、协作的方式操控一个物理实体。

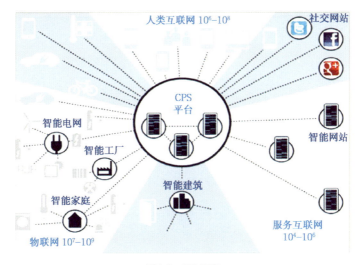

图9.4 CPS系统

　　传统观点认为CPS只在制造业领域中得到应用，似乎是智能制造的某种形式。实际上CPS实现了信息世界与物理世界的融合，创造出了一个真正的虚实结合的世界。CPS通过传感器、RFID等完成对物体的感知；经过物联网网关向计算机输入信息，实现数字感知；经过计算机对信息和数据处理后，再通过物联网反馈到具体物理设备上，实现对其的控制。

　　从宏观上讲，区块链要想发挥巨大作用，必须与CPS相连，并嵌入到CPS中。区块链从CPS中获得数据，利用CPS完成特定的操作，实现复杂的功能。区块链可被看作某种信任黏合剂或者信任补丁，CPS利用区块链补齐其原本信任度不高的短板，提升整体信任度。

[1] 贺海武, 延安, 陈泽华.基于区块链的智能合约技术与应用综述 [J].计算机研究与发展, 2018, 55 (11): 2452-2466.

[2] 张泽宇.比特币运行原理和金融属性研究 [J].全国流通经济, 2018 (16): 69-71.

[3] 陈伟利, 郑子彬.区块链数据分析:现状、趋势与挑战 [J].计算机研究与发展, 2018, 55 (9): 1853-1870.

[4] 高峰, 毛洪亮, 吴震, 等.轻量级比特币交易溯源机制 [J].计算机学报, 2018, 41 (5): 899-1004.

[5] 喻辉, 张宗洋, 刘建伟.比特币区块链扩容技术研究 [J].计算机研究与发展, 2017, 54 (10): 2390-2403.

[6] 邵佩英.分布式数据库系统及其应用 [M].2版.北京:科学出版社, 2005.

[7] 斯雪明, 徐蜜雪, 苑超.区块链安全研究综述 [J].密码学报, 2018, 5 (5): 458-469.

[8] 陈蓓菲.哥德巴赫猜想引思 [J].数学学习与研究: 教研版, 2017 (18):4-5, 7.

[9] 路甬祥.从图灵到乔布斯带来的启示——关于信息科技的思考与展望 [J].科技导报, 2012 (18): 15-20.

［10］潘承洞，潘承彪.哥德巴赫猜想［M］.北京:科学出版社，
1981.

［11］刘晓娟，董昱.远程控制系统:原理·技术·应用［M］.四
川:西南交通大学出版社，2001.

［12］李芳，李卓然，赵赫.区块链跨链技术进展研究［J］.软件学
报，2019，4（4）:1-12.

［13］潘晨，刘志强，刘振，等.区块链可扩展性研究:问题与方法
［J］.计算机研究与发展，2018，55（10）:2099-2110.

［14］王泽鉴.英美法导论［M］.北京:北京大学出版社.2012.

［15］魏静娴，高舸帆.区块链智能合约法律问题研究——以The
DAO事件为例［J］.法制与社会，2018（15）:44-45.

［16］韩璇，袁勇，王飞跃.区块链安全问题:研究现状与展望［J］.
自动化学报，2019，45（1）:206-225.

［17］金铨.DES密码算法的彩虹攻击技术及其GPU实现［D］.
上海:上海交通大学，2010.

［18］袁勇，倪晓春，曾帅，等.区块链共识算法的发展现状与展望
［J］.自动化学报，2018，44（11）:2011-2022.

［19］祝烈煌，高峰，沈蒙，等.区块链隐私保护研究综述［J］.计
算机研究与发展，2017，54（10）:2170-2186.

［20］景轩，姚锡凡.走向社会信息物理生产系统［J］.自动化学
报，2019，4（4）:637-656.

［21］刘云浩.物联网导论［M］.北京:科学出版社，2010.

图书在版编目（CIP）数据

区块链：看得见的信任 / 叶春晓著. -- 重庆：重庆大学出版社，2019.8
（万物智联与万物安全丛书）
ISBN 978-7-5689-1705-6

Ⅰ.①区… Ⅱ.①叶… Ⅲ.①电子商务—支付方式—通俗读物 Ⅳ.①F713.361.3-49

中国版本图书馆CIP数据核字（2019）第151902号

区块链：看得见的信任

QUKUAILIAN KANDEJIAN DE XINREN

叶春晓 著

策划编辑：张家钧
责任编辑：张红梅
责任校对：万清菊
责任印制：张 策
装帧设计：刘 伟

重庆大学出版社出版发行
出版人：饶帮华
社址：（401331）重庆市沙坪坝区大学城西路21号
网址：http://www.cqup.com.cn
印刷：重庆共创印务有限公司

开本：890mm×1240mm 1/32 印张：7.375 字数：167千
2019年8月第1版 2019年8月第1次印刷
ISBN 978-7-5689-1705-6 定价：56.00元